하루 10분 말하기 습관

비즈니스 베트남어

- 호앙 티 투이 띠엔(Hoàng Thị Thủy Tiên)
  응웬 탄 롱(Nguyễn Thành Long) 지음

하루 10분 말하기 습관
비즈니스 베트남어

초 판 인 쇄	2019년 7월 22일
지 은 이	호앙 티 투이 띠엔(Hoàng Thị Thủy Tiên)
	응웬 탄 롱(Nguyễn Thành Long)
펴 낸 이	임승빈
편 집 책 임	정유항, 최지인
편 집 진 행	송영정
디 자 인	다원기획
일 러 스 트	방영경
마 케 팅	염경용, 이동민, 임원영
펴 낸 곳	ECK북스
주 소	서울시 구로구 디지털로 32가길 16, 401 [08393]
대 표 전 화	02-733-9950
팩 스	02-723-7876
홈 페 이 지	www.eckbook.com
이 메 일	eck@eckedu.com
등 록 번 호	제 25100 - 2005 - 000042호
등 록 일 자	2000. 2. 15
I S B N	978-89-92281-84-3
정 가	14,000원

이 도서의 국립중앙도서관 출판예정도서목록(CIP)은 서지정보유통지원시스템 홈페이지(http://seoji.nl.go.kr)와 국가자료공동목록시스템 (http://www.nl.go.kr/kolisnet)에서 이용하실 수 있습니다. (CIP제어번호 : CIP2019025547)

하루 10분 말하기 습관

비즈니스 베트남어

▪ 호앙 티 투이 띠엔(Hoàng Thị Thủy Tiên)
응웬 탄 롱(Nguyễn Thành Long) 지음

한국 정부의 신(新)남방정책으로 한국과 베트남 간에 경제와 문화 교류가 활발해지고 양국 간의 관계가 우호적으로 지속되고 있다는 것을 느낍니다. 최근 베트남은 기회의 땅이라고 불릴 정도로 매년 경제성장률이 7~8%를 기록하고 있으며, 많은 한국 기업뿐만 아니라 외국계 기업이 베트남으로 진출하고 있습니다. 이 때문에 베트남의 역사·문화 연구가 활발해지고 베트남어 학습에 대한 수요도 나날이 증가하고 있습니다.

저희는 한국외국어대학교, 삼성전자, 삼성디스플레이, LG, 롯데, CJ, 신한은행 등 많은 기업과 교육 전문기관에서 베트남어 강의를 하고 있는 전문 강사들로, 한국 대기업의 수많은 직원들에게는 낯익은 이름일지도 모릅니다. 저희는 알찬 교재를 만들기 위해 베트남어를 공부하는 학습자들의 다양한 어려움을 듣고, 한국에 있는 많은 베트남어 교재들을 분석한 후 그동안의 강의 경험을 충분히 녹여내려고 노력하였습니다.

본 교재는 총 18과로 구성되었으며, 각 과는 〈대화〉, 〈핵심표현〉, 〈하루 10분 큰 소리로 말해 보세요〉, 〈이렇게도 말해 보세요〉로 구성되었습니다. 모든 과는 실용적인 주제와 내용을 바탕으로 쉽게 응용하여 학습할 수 있도록 하였습니다. 그 외에 부록으로 이메일 쓰는 방법과 다양한 비즈니스 어휘를 실었으며, 베트남의 주요 관광지도 정리하여 소개하였습니다.

본 교재는 ECK교육과 편집자, 디자이너의 큰 도움을 받아 완성했습니다. 정말 진심으로 감사드립니다. 본 교재가 비즈니스 베트남어를 배우고자 하는 모든 학습자들에게 큰 도움이 되기를 바랍니다.

다시 한번 감사드립니다.

2019년 6월
저자 **응웬 탄 롱, 호앙 티 투이 띠엔**

이 책의 활용법

STEP 1 예비학습

베트남어의 알파벳과 발음, 성조 및 베트남어의 특징에 대해 정리했습니다. 베트남어를 처음 공부하는 학습자는 본 학습 전에 반드시 먼저 학습하세요.

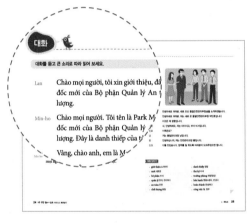

STEP 2 대화

사무실, 전화, 회의, 프레젠테이션, 출장 총 5개 파트로 구성된 다양한 비즈니스 대화문을 학습합니다. 다양한 어휘와 표현을 익히고, **MP3** 파일을 들으며 정확한 발음도 확인하세요.

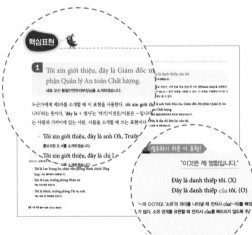

STEP 3 핵심표현

비즈니스 상황에서 활용도가 높은 핵심표현들을 학습합니다. 표현의 패턴을 익히고, 예문을 통해 패턴을 활용하는 연습을 해 보세요. 〈실수하기 쉬운 이 표현!〉에서는 문법적으로 틀리기 쉬운 부분을 바로 잡아 줍니다.

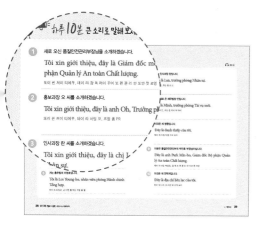

STEP 4 하루 10분 큰 소리로 말해 보세요

〈핵심표현〉에서 다룬 주요 표현과 예문을 종합하여 학습합니다. **MP3** 파일을 들으며 문장 전체가 통으로 입에 밸 때까지 반복해서 따라 말해 보세요.

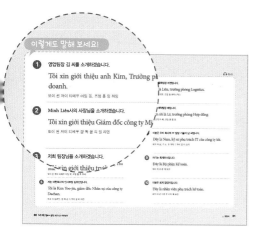

STEP 5 이렇게도 말해 보세요

〈핵심표현〉 문장을 어휘와 표현을 바꾸어 확장하여 말해 보는 연습을 합니다. **MP3** 파일을 들으며 문장 전체를 통으로 암기해 보세요.

  MP3 다운로드 방법

본 교재의 MP3 파일은 www.eckbooks.kr에서 무료로 다운로드 받을 수 있습니다. **QR** 코드를 찍으면 다운로드 페이지로 이동합니다.

PART 3 : 회의

PART 4 : 프레젠테이션

PART 5 : 출장

예비학습

① 알파벳과 발음

② 성조

③ 베트남어의 특징

❶ 알파벳과 발음

(1) 알파벳

🎧 00-1

베트남어의 알파벳은 모음 12개, 자음 17개의 총 29개로 구성되어 있습니다.

A a [아]	Ă ă [아]	Â â [어]	B b [베]	C c [쎄]	D d [제]
Đ đ [데]	E e [애]	Ê ê [에]	G g [제]	H h [핟]	I i [이 응안]
K k [까]	L l [앨러]	M m [엠머]	N n [엔너]	O o [어]	Ô ô [오]
Ơ ơ [어]	P p [뻬]	Q q [꾸이]	R r [애러]	S s [앤씨]	T t [떼]
U u [우]	Ư ư [으]	V v [베]	X x [익씨]	Y y [이 자이]	

(2) 발음

● 단모음

🎧 00-2

단모음	발음	단모음	발음
a	[아/a]	o	[어/ɔ] (입 모양 동그랗게)
ă	[아/ʌ]	ô	[오/o]
â	[어/ə]	ơ	[어/ə:]
e	[애/ɜ]	u	[우/u]
ê	[에/e]	ư	[으]
i	[이/i]	y	[이/i]

xa [싸] 멀다　　　　　đi [디] 가다

em [앰] 동생　　　　　cân [껀] 저울, 몸무게를 재다

cho [저] 주다

● 복모음　　　　　　　　　　　　　　　　　　🎧 00-3

복모음은 모음이 2개 또는 3개가 결합된 형태입니다.

	복모음			
a	ai [아이]	ao [아오]	au [아우]	ay [아이]
â	âu [어우]	ây [에이]		
e	eo [애오]			
ê	êu [에우]			
i	ia [이어]	iê [이에]	iu [이우]	iêu [이에우]
o	oa [오아]　oo [어]	oă [오아]　oai [오아이]	oe [오애]　oay [오에이]	oi [어이]　oeo [오애오]
ô	ôi [오이]			
ơ	ơi [어이]			
u	ua [우어]　uô [우어], [우오]　uya [우이에]	uâ [우어]　uy [위]　uyê [웨]	uê [우에]　uây [우에이]　uyu [우이우], [이우]	ui [우이]　uôi [우오이]
ư	ưa [으어]　ươi [으어이]	ưi [으이]　ươu [으어우]	ươ [으어]	ưu [으우]
y	yê [이에]	yêu [이에우]		

mua [무어] 사다　　　　　luôn luôn [루언 루언] 항상

yêu [이에우] 사랑하다　　　thuê [투에] 임대하다

khuya [쿠이에] 새벽

● 첫자음

단어의 첫 음절에 올 수 있는 자음은 다음과 같습니다.

자음	발음	자음	발음	자음	발음
b	[ㅂ]	k	[ㄲ]	ph	[f]
c	[ㄲ]	kh	[ㅋ]	q	[ㄲ]
ch	[ㅈ]	l	[ㄹ]	r	[ㅈ](북부)/[ㄹ](남부)
d	[ㅈ](북부)/[이](남부)	m	[ㅁ]	s	[ㅅ]
đ	[ㄷ]	n	[ㄴ]	t	[ㄸ]
g	[ㄱ]	ng	[응]	th	[ㅌ]
gh	[ㄱ]	ngh	[응]	tr	[ㅉ]
gi	[지]	nh	[녀]	v	[v]
h	[ㅎ]	p	[ㅃ]	x	[ㅆ]

cơm [껌] 밥 môi [모이] 입술

nghe [응애] 듣다 khô [코] 건조하다, 마르다

sông [송] 강

※ 다음 자음들은 같은 발음이 나지만 뒤에 결합할 수 있는 모음이 다릅니다.

발음	자음	결합할 수 있는 모음
[ㄲ]	c	a, ă, â, o, ô, ơ, u, ư
	k	e, ê, i, y
	q	u
[ㄱ]	g	a, ă, â, o, ô, ơ, u, ư
	gh	e, ê, i
[응]	ng	a, ă, â, o, ô, ơ, u, ư
	ngh	e, ê, i

단어의 마지막 음절에 올 수 있는 자음은 다음과 같습니다.

자음	발음	자음	발음
ác	[악]	anh	[아잉]
ách	[아익]	ang	[앙]
am	[암]	áp	[압]
an	[안]	át	[앋]

※ 편의상 모음 a와 결합하여 표기함

em [앰] 동생   ăn [안] 먹다

nhanh [냐잉] 빠르다   mang [망] 가지다

② 성조   🎧00-6

베트남어에는 총 6개의 성조가 있습니다. 성조가 달라지면 의미가 달라질 수 있으니, 정확하게 발음해야 합니다.

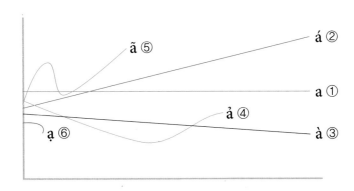

	성조의 명칭	표시 방법	발음
①	Thanh ngang(타잉 응앙)	a (표시 없음)	톤을 일정하게 유지한다.
②	Thanh sắc(타잉 삭)	á	톤을 빨리 올려서 소리 낸다.
③	Thanh huyền(타잉 후엔)	à	톤을 천천히 내리며 소리 낸다.
④	Thanh hỏi(타잉 허이)	ả	톤을 자연스럽게 내렸다 올리며 소리 낸다.
⑤	Thanh ngã(타잉 응아)	ã	톤을 올렸다가 내리고 다시 빨리 올리며 소리 낸다.
⑥	Thanh nặng(타잉 낭)	ạ	'도'음으로 빠르고 낮게 소리 낸다.

참고 ă, â, ô, ơ, ư 위에 표시된 것은 성조가 아니고, 알파벳 자체의 모양입니다.

xinh [씽] 예쁘다   bánh [바잉] 빵

vào [바오] 들어가다   ổi [오이] 구아바(과일)

tã [따] 기저귀   họp [헙] 회의하다

❸ 베트남어의 특징

● 음절의 구조

베트남어의 음절은 자음과 모음, 성조로 이루어지며, 자음과 모음의 결합 형태는 다음과 같습니다.

① 모음 : ô, eo, oi 등

② 자음-모음 : đi, mẹ, tha 등

③ 모음-자음 : êm, ấm, ăn 등

④ 자음-모음-자음 : nghẹn, nước, mong 등

베트남어는 음절 끝의 자음이 불파음(파열 단계가 생략되어 발음되는 파열음)입니다. 예를 들어, '좋다'라는 뜻의 tốt은 [똣]이라고 발음하는데, 끝자음 't'는 영어의 [t] 발음처럼 공기를 터뜨리며 발음하지 않습니다.

● 문장의 구조

① 주어 + 동사

Tôi chạy. (나는 + 뛴다)
또이   째이

② 주어 + 동사 + 부사

Tôi ăn nhanh. (나는 + 먹는다 + 빨리)
또이   안   냐잉

③ 주어 + 동사 + 목적어

Tôi đọc báo. (나는 + 읽는다 + 신문을)
또이   독   바오

④ 주어 + 빈도부사 + 동사 (+ 부사)

Tôi luôn học chăm chỉ. (나는 + 항상 + 공부한다 + 열심히)
또이   루언 혹   잠   지

⑤ 주어 + 형용사

Mai cao. (마이는 + 키가 크다)
마이   까오

⑥ 주어 + 이다(là) + 명사

Tôi là học sinh. (나는 + 이다 + 학생)
또이   라 혹 시잉

● 어순

베트남어 문장의 어순은 기본적으로 '주어 + 동사 + 목적어'의 순서입니다.(앞의 문장 구조 참조) 그 외, 날짜나 주소의 경우 작은 단위에서 큰 단위 순서로 쓰며, 시간은 한국어와 같은 순서로 말합니다. 수식어는 피수식어의 뒤에 씁니다.

① 시간

10시 15분   10 giờ 15 phút

4시 반   4 giờ rưỡi

단, 오전이나 오후 등을 표기할 때는 시간 뒤에 씁니다.

오전 7시 20분   7 giờ 20 phút sáng

오후 5시   5 giờ chiều

② 날짜

2019년 4월 21일   ngày 21 tháng 4 năm 2019

③ 주소

대한민국 서울시 강남구 강남대로 2번지

số 2, đường Gangnamdae-ro, quận Gangnam, thành phố Seoul, Hàn Quốc

④ 수식어와 피수식어

예쁜 옷   áo đẹp
                 옷   예쁜

나의 책   sách của tôi
                 책   ~의   나

● 대문자와 소문자

베트남어의 알파벳은 대문자와 소문자가 구별되어 있으며, 다음과 같은 경우에는 대문자를 씁니다.

① 사람 이름, 국가명, 기관명 같은 고유명사

Park Min-ho 박민호

Hàn Quốc 한국

Việt Nam 베트남

Hồ Chí Minh 호치민

Cục Quản lý xuất nhập cảnh 출입국 관리사무소

② 문장의 첫 글자

Tôi là học sinh. 저는 학생입니다.

③ 명절, 국가 기념일

Tết Dương lịch 신정

Ngày Giải phóng miền Nam 남부해방기념일

Part 1

사무실

첫인사

핵심표현 미리보기

· 새로 오신 품질안전관리부장님을 소개하겠습니다.

· 저는 품질안전관리부장 박민호입니다.

· 이것은 제 명함입니다.

\ 베트남의 **비즈니스 문화** /

베트남 사람들은 직급을 호칭으로 하나요?

한국에서는 회사 내에서는 물론 회사 밖에서도 직급을 호칭으로 하는 경우가 많은데 반해, 베트남에서는 그렇지 않다. 베트남에서는 직급보다는 anh(형/오빠), chị(언니/누나) 등과 같은 호칭 뒤에 이름을 넣어 부른다. 단, 외부 사람에게 본인의 상사를 소개할 때는 직급을 붙여 소개한다. '언니', '오빠' 같은 호칭을 사용하다 보니 회사가 가족 같은 분위기이고 친근감을 느낄 수 있지만, 반면에 이런 분위기가 단점이 되기도 하여 직급을 호칭으로 사용하자는 소리가 높아지고 있다.

대화를 듣고 큰 소리로 따라 읽어 보세요.

Lan Chào mọi người, tôi xin giới thiệu, đây là Giám đốc mới của Bộ phận Quản lý An toàn Chất lượng.

Min-ho Chào mọi người. Tôi tên là Park Min-ho, giám đốc mới của Bộ phận Quản lý An toàn Chất lượng. Đây là danh thiếp của tôi.

Mai Vâng, chào anh, em là Mai, thư ký bộ phận ạ.

Min-ho Còn em?

Nam Em tên là Nam, trưởng phòng Quản lý Chất lượng.

Long Chào anh Park, tên em là Long, trưởng phòng Quản lý An toàn.

Min-ho Rất hân hạnh được gặp mọi người. Hy vọng mọi người sẽ giúp tôi hoàn thành tốt công việc.

란	안녕하세요 여러분, 새로 오신 품질안전관리부장님을 소개하겠습니다.
민호	안녕하세요 여러분. 저는 새로 온 품질안전관리부장 박민호입니다. 이것은 제 명함입니다.
마이	네, 안녕하세요, 저는 마이이고, 부서 비서입니다.
민호	이쪽은요?
남	저는 품질관리과장 남입니다.
롱	안녕하십니까, 저는 안전관리과장 롱입니다.
민호	다들 반갑습니다. 업무를 잘 하도록 여러분이 도와주었으면 합니다.

어휘 익히기

- **giới thiệu** 소개하다
- **mới** 새로운
- **bộ phận** 부서
- **quản lý** 관리, 관리하다
- **an toàn** 안전
- **chất lượng** 품질

- **danh thiếp** 명함
- **thư ký** 비서
- **trưởng phòng** 과장(팀장)
- **hân hạnh** 영광스럽다, 반갑다
- **hoàn thành** 완성하다
- **công việc** 일, 업무

1 Tôi xin giới thiệu, đây là Giám đốc mới của Bộ phận Quản lý An toàn Chất lượng.

새로 오신 품질안전관리부장님을 소개하겠습니다.

누군가에게 제3자를 소개할 때 이 표현을 사용한다. **tôi xin giới thiệu**는 '소개하겠습니다'라는 뜻이다. '**đây là** + 명사'는 '여기/이것은/이분은 ~입니다'라는 뜻으로, 말하는 사람과 가까이에 있는 사람, 사물을 소개할 때 쓰는 표현이다.

- Tôi xin giới thiệu, đây là anh Oh, Trưởng phòng PR.

  홍보과장 오 씨를 소개하겠습니다.

- Tôi xin giới thiệu, đây là chị Lan, Trưởng phòng Nhân sự.

  인사과장 란 씨를 소개하겠습니다.

2 Tôi là Park Min-ho, giám đốc Bộ phận Quản lý An toàn Chất lượng.

저는 품질안전관리부장 박민호입니다.

비즈니스 상황에서 자신을 소개할 때는 성명, 직급의 순서로 소개한다.

- Tôi là Lee Young-ho, nhân viên phòng Hành chính Tổng hợp. 저는 총무팀의 이영호입니다.

- Em là Lan, trưởng phòng Nhân sự.

  저는 인사과장 란입니다.

- Tôi là Minh, trưởng phòng Tài vụ mới.

  저는 새로 온 재무팀장 민입니다.

3 Đây là danh thiếp của tôi.

이것은 제 명함입니다.

베트남 사람들도 파트너, 고객 등을 처음 만날 때 서로 명함(danh thiếp)을 교환한다.
명함을 건네며 'đây là + 명사' 표현을 사용할 수 있다. 이 표현은 사물뿐만 아니라 사
람을 소개할 때도 쓸 수 있다.

· Đây là anh Park Min-ho, Giám đốc Bộ phận Quản lý An
toàn Chất lượng.
이분은 품질안전관리부의 박민호 부장님이십니다.

· Đây là địa chỉ liên lạc của tôi.
이것은 제 연락처입니다.

"이것은 제 명함입니다."

Đây là danh thiếp tôi. (X)
Đây là danh thiếp của tôi. (O)

'~의 ○○'라고 '소유'의 의미를 나타낼 때 전치사 của(~의)를 빠뜨리고 말하는 경우
가 많다. 소유 관계를 표현할 때 전치사 của를 빠뜨리지 않도록 주의하자.

1 새로 오신 품질안전관리부장님을 소개하겠습니다.

Tôi xin giới thiệu, đây là Giám đốc mới của Bộ phận Quản lý An toàn Chất lượng.

또이 씬 져이 티에우, 데이 라 쟘 독 머이 꾸어 보 펀 꽌 리 안 또안 젓 르엉

2 홍보과장 오 씨를 소개하겠습니다.

Tôi xin giới thiệu, đây là anh Oh, Trưởng phòng PR.

또이 씬 져이 티에우, 데이 라 아잉 오, 즈엉 폼 PR

3 인사과장 란 씨를 소개하겠습니다.

Tôi xin giới thiệu, đây là chị Lan, Trưởng phòng Nhân sự.

또이 씬 져이 티에우, 데이 라 지 란, 즈엉 폼 년 스

4 저는 품질안전관리부장 박민호입니다.

Tôi là Park Min-ho, giám đốc Bộ phận Quản lý An toàn Chất lượng.

또이 라 박민호, 쟘 독 보 펀 꽌 리 안 또안 젇 르엉

5 저는 총무팀의 이영호입니다.

Tôi là Lee Young-ho, nhân viên phòng Hành chính Tổng hợp.

또이 라 리영호, 년 비엔 폼 하잉 지잉 돔 헙

6 저는 인사과장 란입니다.

Em là Lan, trưởng phòng Nhân sự.

앰 라 란, 즈엉 폼 년 스

---

7 저는 새로 온 재무팀장 민입니다.

Tôi là Minh, trưởng phòng Tài vụ mới.

또이 라 민, 즈엉 폼 따이 부 머이

---

8 이것은 제 명함입니다.

Đây là danh thiếp của tôi.

데이 라 쟈잉 티엡 꾸어 또이

---

9 이분은 품질안전관리부의 박민호 부장님이십니다.

Đây là anh Park Min-ho, Giám đốc Bộ phận Quản lý An toàn Chất lượng.

데이 라 아잉 박민호, 쟘 독 보 펀 꽌 리 안 또안 젓 르엉

---

10 이것은 제 연락처입니다.

Đây là địa chỉ liên lạc của tôi.

데이 라 디어 지 리엔 락 꾸어 또이

1 영업팀장 김 씨를 소개하겠습니다.

Tôi xin giới thiệu anh Kim, Trưởng phòng Kinh doanh.

또이 씬 져이 티에우 아잉 낌, 즈엉 폼 낑 좌잉

2 Minh Liên사의 사장님을 소개하겠습니다.

Tôi xin giới thiệu Giám đốc công ty Minh Liên.

또이 씬 져이 티에우 쟘 독 꼼 띠 밍 리엔

3 저희 팀장님을 소개하겠습니다.

Tôi xin giới thiệu trưởng phòng của tôi.

또이 씬 져이 티에우 즈엉 폼 꾸어 또이

4 구매팀장 박 씨를 소개하겠습니다.

Tôi xin giới thiệu anh Park, Trưởng phòng Thu mua.

또이 씬 져이 티에우 아잉 박, 즈엉 폼 투 무어

5 저는 대한회사의 인사부장 김유진입니다.

Tôi là Kim Yoo-jin, giám đốc Nhân sự của công ty Daehan.

또이 라 김유진, 쟘 독 년 스 꾸어 꼼 띠 대한

6 저는 물류팀장 리엔입니다.

Tôi là Liên, trưởng phòng Logistics.

또이 라 리엔, 즈엉 폼 로지스틱스

7 저는 계약팀장 레입니다.

Tên tôi là Lê, trưởng phòng Hợp đồng.

뗀 또이 라 레, 즈엉 폼 헙 동

8 이분은 우리 회사의 IT 담당 기술자 남 씨입니다.

Đây là Nam, kỹ sư phụ trách IT của công ty tôi.

데이 라 남, 끼 스 푸 자익 IT 꾸어 꼼 띠 또이

9 여기는 회계부서입니다.

Đây là Bộ phận Kế toán.

데이 라 보 펀 께 또안

10 이분은 회계 담당자입니다.

Đây là nhân viên phụ trách kế toán.

데이 라 년 비엔 푸 자익 께 또안

휴가 신청

핵심표현 미리보기

- 이번 주 금요일에 하루 휴가를 신청하고 싶습니다.
- 축구를 보러 가기 위해 휴가를 신청하고 싶습니다.
- 이번 주는 일이 너무 많아서 안 될 것 같습니다.

베트남 사람들의 놀라운 축구 사랑

베트남 사람들은 스포츠 중에 축구를 가장 좋아한다. 월드컵 본선에는 한 번도 진출하지 못했지만 베트남 사람들은 늘 열정적으로 국가대표팀을 응원한다. 베트남 축구 대표팀이 아세안축구연맹(AFF) 스즈키컵이나 아시아축구연맹(AFC) U-23 챔피언십 등과 같이 규모가 큰 대회에 참가할 때면 남녀노소 모두 텔레비전 앞에 앉아 경기를 보며 대표팀을 응원한다. 대표팀이 승리하면 많은 사람들이 오토바이를 타고 도심으로 향하면서 국기를 흔들며 "베트남! 베트남!"을 외친다. 많은 사람들이 도심을 향해 이동하면서 축하하는 것을 'đi bão'(태풍을 만들며 행진하다)라고 한다. 직장인들은 경기를 보러 가기 위해 휴가를 내기도 하고, 특히 대표팀이 결승전에 진출하면 회사에서는 업무시간이라도 직원들이 경기를 볼 수 있게 자리를 마련해 주기도 한다.

대화를 듣고 큰 소리로 따라 읽어 보세요.

| Nam | Chào anh Park, em có chuyện muốn nói ạ. |

Min-ho   Có chuyện gì thế Nam?

Nam   Dạ, thứ 6 này em muốn xin nghỉ phép một ngày ạ.

Min-ho   Vì sao em muốn xin nghỉ phép?

Nam   Em muốn xin nghỉ phép để đi xem bóng đá ạ. Tuần này có trận bóng quan trọng của đội Việt Nam ạ.

Min-ho   Ồ, thế à? Nhưng có lẽ không được, vì tuần này rất nhiều việc. Xin lỗi em.

Nam   Vâng, em hiểu rồi ạ.

Min-ho   Tuần sau nếu dự án kết thúc thì em nghỉ một ngày đi.

Nam   Vâng, em cảm ơn anh ạ.

남	안녕하세요 부장님, 드릴 말씀이 있습니다.
민호	무슨 일이에요 남 씨?
남	네, 이번 주 금요일에 하루 휴가를 신청하고 싶습니다.
민호	왜 휴가를 신청하려고요?
남	축구를 보러 가려고요. 이번 주에 베트남팀의 중요한 경기가 있어요.
민호	아, 그래요? 그렇지만 이번 주는 일이 아주 많아서 안 될 것 같아요. 미안해요.
남	네, 알겠습니다.
민호	다음 주에 프로젝트가 끝나면 하루 쉬세요.
남	네, 감사합니다.

어휘 익히기

- chuyện 이야기
- nghỉ phép 휴가
- một ngày 하루
- vì sao 왜
- bóng đá 축구

- tuần này 이번 주
- trận bóng 축구 경기
- quan trọng 중요한
- hiểu 이해하다
- kết thúc 끝나다

1   Thứ 6 này em muốn xin nghỉ một ngày.

이번 주 금요일에 하루 휴가를 신청하고 싶습니다.

'Em muốn xin + 동사'는 '~하기를 신청하고 싶다'는 표현이다. xin은 '신청하다'라는 뜻이다. 휴가를 신청할 때 요일, 날짜, 기간 등은 문장 앞이나 끝에 넣을 수 있다.

- Em muốn xin nghỉ nuôi con.

  육아휴직을 신청하고 싶습니다.

- Em muốn xin nghỉ thai sản.

  출산휴가를 신청하고 싶습니다.

- Em muốn xin nghỉ phép năm.

  연차를 신청하고 싶습니다.

2   Em muốn xin nghỉ phép để đi xem bóng đá.

축구를 보러 가기 위해 휴가를 신청하고 싶습니다.

Em muốn xin nghỉ phép(휴가를 신청하고 싶다) 뒤에 'để + 동사'의 형태로 휴가 사유를 말할 수 있다. để는 '~하기 위해'라는 뜻이며 동사 또는 문장 앞에 쓴다.

- Em muốn xin nghỉ phép để đi khám bệnh.

  진찰을 받으러 가기 위해 휴가를 신청하고 싶습니다.

- Em muốn xin nghỉ phép để về quê.

  고향에 가기 위해 휴가를 신청하고 싶습니다.

3 Có lẽ không được vì tuần này rất nhiều việc.

이번 주는 일이 너무 많아서 안 될 것 같습니다.

휴가 승인을 못하는 이유로 많이 쓰는 표현이다. Có lẽ không được(안 될 것 같다)을 먼저 말하고, '왜냐하면'이라는 뜻의 vì 뒤에 이유를 말한다.

- Có lẽ không được vì chúng ta cần làm xong việc này trong tuần này.

  이번 주에 이 업무를 마무리해야 하기 때문에 안 될 것 같습니다.

- Có lẽ không được vì em đã nghỉ nhiều ngày trong tháng này rồi.

  이번 달에 이미 휴가를 많이 냈기 때문에 안 될 것 같습니다.

실수하기 쉬운 이 표현!

"축구를 보러 가기 위해 휴가를 신청하고 싶습니다."

Em muốn xin nghỉ phép để bóng đá. (X)
Em muốn xem nghỉ phép để đi xem bóng đá. (O)

để는 '~하기 위해'라는 뜻의 목적을 나타내는 말로, để 뒤에는 명사가 올 수 없고, 동사 또는 문장만 나온다.

1 이번 주 금요일에 하루 휴가를 신청하고 싶습니다.

Thứ 6 này em muốn xin nghỉ một ngày.

트 사우 나이 앰 무언 씬 응이 못 응아이

2 육아휴직을 신청하고 싶습니다.

Em muốn xin nghỉ nuôi con.

앰 무언 씬 응이 누오이 껀

3 출산휴가를 신청하고 싶습니다.

Em muốn xin nghỉ thai sản.

앰 무언 씬 응이 타이 산

4 연차를 신청하고 싶습니다.

Em muốn xin nghỉ phép năm.

앰 무언 씬 응이 팹 남

5 축구를 보러 가기 위해 휴가를 신청하고 싶습니다.

Em muốn xin nghỉ phép để đi xem bóng đá.

앰 무언 씬 응이 팹 데 디 쌤 봄 다

6

진찰을 받으러 가기 위해 휴가를 신청하고 싶습니다.

Em muốn xin nghỉ phép để đi khám bệnh.

앰 무언 씬 응이 팹 데 디 캄 베잉

7

고향에 가기 위해 휴가를 신청하고 싶습니다.

Em muốn xin nghỉ phép để về quê.

앰 무언 씬 응이 팹 데 베 꾸에

8

이번 주는 일이 너무 많아서 안 될 것 같습니다.

Có lẽ không được vì tuần này rất nhiều việc.

꺼 래 콤 드억 비 뚜언 나이 젇 니에우 비엑

9

이번 주에 이 업무를 마무리해야 하기 때문에 안 될 것 같습니다.

Có lẽ không được vì chúng ta cần làm xong việc này trong tuần này.

꺼 래 콤 드억 비 줌 따 껀 람 쏨 비엑 나이 좀 뚜언 나이

10

이번 달에 이미 휴가를 많이 냈기 때문에 안 될 것 같습니다.

Có lẽ không được vì em đã nghỉ nhiều ngày trong tháng này rồi.

꺼 래 콤 드억 비 앰 다 응이 니에우 응아이 좀 탕 나이 조이

---

1 다음 주 화요일에 하루 휴가를 신청하고 싶습니다.

Thứ 3 tuần sau em muốn xin nghỉ phép một ngày.

트 바 뚜언 사우 앰 무언 씬 응이 팹 못 응아이

---

2 2월 15일부터 17일까지 휴가를 신청하고 싶습니다.

Em muốn xin nghỉ phép từ ngày 15 đến ngày 17 tháng 2.

앰 무언 씬 응이 팹 뜨 응아이 므어이 람 덴 응아이 므어이 베이 탕 하이

---

3 내일부터 이틀 동안 휴가를 신청하고 싶습니다.

Tôi muốn xin nghỉ phép trong 2 ngày, từ ngày mai.

또이 무언 씬 응이 팹 좀 하이 응아이, 뜨 응아이 마이

---

4 여행 가기 위해 휴가를 신청하고 싶습니다.

Tôi muốn xin nghỉ phép để đi du lịch.

또이 무언 씬 응이 팹 데 디 주 릭

---

5 결혼식을 하기 위해 휴가를 신청하고 싶습니다.

Em muốn xin nghỉ phép để làm lễ cưới.

앰 무언 씬 응이 팹 데 람 레 끄어이

6 병원에 가기 위해 휴가를 신청하고 싶습니다.

Em muốn xin nghỉ phép để đi bệnh viện.

앰 무언 씬 응이 팹 데 디 베잉 비엔

---

7 이사를 하기 위해 휴가를 신청하고 싶습니다.

Em muốn xin nghỉ phép để chuyển nhà.

앰 무언 씬 응이 팹 데 주엔 냐

---

8 보고서를 급하게 내야 하기 때문에 안 될 것 같습니다.

Có lẽ không được vì chúng ta phải nộp báo cáo gấp.

꺼 래 콤 드억 비 줌 따 파이 놉 바오 까오 갑

---

9 사람이 부족해서 안 될 것 같습니다.

Có lẽ không được vì chúng ta thiếu người.

꺼 래 콤 드억 비 줌 따 티에우 응어이

---

10 그날 휴가인 사람이 많아서 안 될 것 같습니다.

Có lẽ không được vì ngày đó nhiều người nghỉ phép.

꺼 래 콤 드억 비 응아이 더 니우에 응어이 응이 팹

사무실 일상

- 주간보고서를 다 쓰셨어요?
- 우리 회사도 토요일에 근무하지 않았으면 좋겠어요.
- 사장님이 토요일 근무를 없애는 걸 고려 중이시라고 들었어요.

베트남의 근무 시간

베트남은 한국과 달리 주5일이 아닌 주6일 근무제를 많이 적용한다. 법적 근무 시간은 하루 8시간, 1주에 최대 48시간으로 규정되어 있으며, 정부는 1주에 최대 40시간 근무를 권장한다. 베트남에 있는 많은 외국계 기업은 주5일, 오전 9시부터 오후 6시까지 근무하지만, 현지 회사는 주6일, 오전 7시30분부터 오후 5시까지, 또는 오전 8시부터 오후 5시 30분까지(휴게시간 1시간 30분) 근무한다. 공공기관은 보통 월요일부터 금요일까지는 오전 7시30분부터 오후 5시까지, 토요일은 오전 7시30분부터 11시30분까지 근무한다. 은행과 같은 금융기관은 토요일에 근무하지 않는 경우가 많다. 연장 근로 시간은 하루 정규 근무 시간(8시간)의 절반을 초과하면 안 된다.

대화를 듣고 큰 소리로 따라 읽어 보세요.

Min-ho	Long ơi, em đã viết xong báo cáo tuần chưa?
Long	Vẫn chưa ạ. Em nghĩ là em làm khoảng 1 tiếng nữa sẽ xong ạ.
Min-ho	Thế thì ngày mai làm tiếp. Hôm nay là thứ sáu, em đi về nhà sớm để ăn cơm với gia đình đi.
Long	Em ước gì công ty chúng ta cũng không làm việc vào thứ 7. Một tuần làm 6 ngày nên em cảm thấy hơi mệt.
Min-ho	Anh cũng thế. Anh cũng muốn nghỉ ngơi ở nhà vào thứ 7. Anh nghe nói ông giám đốc đang xem xét nghỉ ngày thứ 7 đấy.
Long	Ồ, thế ạ? Khi nào sẽ có kết quả ạ?
Min-ho	Anh cũng chưa biết, chắc sẽ sớm thôi.

민호	롱 씨, 주간보고서를 다 썼어요?
롱	아직이요. 제 생각에 1시간 정도 더 하면 끝날 것 같아요.
민호	그러면 내일 해요. 오늘은 금요일이니까 빨리 들어가서 가족들과 식사를 해요.
롱	우리 회사도 토요일에 근무하지 않았으면 좋겠어요. 일주일에 6일 동안 근무하니까 좀 피곤해요.
민호	나도요. 나도 토요일에 집에서 쉬고 싶어요. 사장님이 토요일 근무를 없애는 걸 고려 중이시라고 들었어요.
롱	그래요? 언제쯤 결과가 나올까요?
민호	나도 몰라요, 곧 알겠죠.

어휘 익히기

- viết 쓰다, 작성하다
- xong 끝나다, 완성하다
- báo cáo tuần 주간보고서
- khoảng 약, 대략
- ước 바라다, 희망하다

- mệt 피곤하다
- giám đốc 사장
- xem xét 고려하다
- kết quả 결과
- sớm 곧, 일찍

1 Em đã viết xong báo cáo tuần chưa?

주간보고서를 다 쓰셨어요?

'주어 + đã + 동사 + xong (+ 목적어) + chưa?'는 '~을 다 했나요?'라는 표현이다. '아직 ~하지 못했어요'는 '주어 + chưa + 동사 (+ 목적어)' 형식으로 말한다.

- Em đã viết xong báo cáo tài chính chưa?

  재무제표를 다 쓰셨어요?

- Anh đã viết xong báo cáo ngày chưa?

  일일보고서를 다 쓰셨어요?

- Em vẫn chưa viết xong báo cáo tài chính.

  저는 재무제표를 아직 다 쓰지 못했어요.

2 Em ước gì công ty chúng ta cũng không làm việc vào thứ 7.

우리 회사도 토요일에 근무하지 않았으면 좋겠어요.

희망이나 바람은 '바라다', '희망하다'라는 뜻의 **ước gì**를 써서 '주어 + **ước gì** + 바라는 내용(주어 + 동사)'으로 표현할 수 있다.

- Em ước gì ngày mai là chủ nhật.

  내일이 일요일이었으면 좋겠어요.

- Tôi ước gì tôi đã làm xong báo cáo tuần.

  주간보고서를 다 완료했으면 좋겠어요.

3 Anh nghe nói ông giám đốc đang xem xét nghỉ ngày thứ 7.

사장님이 토요일 근무를 없애는 걸 고려 중이시라고 들었어요.

들은 내용을 전달할 때는 '주어 + nghe nói(~라고 듣다) + 들은 내용' 형식으로 말한다. nghe nói 뒤에 '주어 + 서술어' 형식이 올 수도 있고, 주어를 생략하고 서술어만 말할 수도 있다.

- Tôi nghe nói ngày mai ông giám đốc đi công tác.

  내일 사장님께서 출장을 가실 거라고 들었어요.

- Tôi nghe nói tháng sau công ty chúng ta sẽ có đại hội thể thao.

  다음 달에 우리 회사에 체육대회가 있을 거라고 들었어요.

실수하기 쉬운 이 표현!

"우리 회사도 토요일에 근무하지 않았으면 해요."

Em ước gì công ty chúng ta cũng không làm việc lúc thứ 7. (X)

Em ước gì công ty chúng ta cũng không làm việc vào thứ 7. (O)

시간을 나타내는 전치사는 vào와 lúc이 있으며, 다음과 같은 차이가 있다.

- 때나 요일, 날짜 앞에는 vào
  buổi sáng(아침), hôm qua(어제), tuần sau(다음 주), thứ 2(월요일), ngày 10 tháng 10 năm 2019(2019년 10월 10일) 등
- 시간이나 때, 나이 앞에는 lúc
  6 giờ(6시), sáng(아침), trưa(낮), 15 tuổi(15살) 등

1 주간보고서를 다 쓰셨어요?

Em đã viết xong báo cáo tuần chưa?

앰 다 비엗 쏨 바오 까오 뚜언 즈어

---

2 재무제표를 다 쓰셨어요?

Em đã viết xong báo cáo tài chính chưa?

앰 다 비엗 쏨 바오 까오 다이 지잉 즈어

---

3 일일보고서를 다 쓰셨어요?

Anh đã viết xong báo cáo ngày chưa?

아잉 다 비엗 쏨 바오 까오 응아이 즈어

---

4 저는 재무제표를 아직 다 쓰지 못했어요.

Em vẫn chưa viết xong báo cáo tài chính.

앰 번 즈어 비엗 쏨 바오 까오 다이 지잉

---

5 우리 회사도 토요일에 근무하지 않았으면 좋겠어요.

Em ước gì công ty chúng ta cũng không làm việc vào thứ 7.

앰 으억 지 꼼 띠 줌 따 꿈 콤 람 비엑 바오 트 베이

6 내일이 일요일이었으면 좋겠어요.

Em ước gì ngày mai là chủ nhật.

앰 으억 지 응아이 마이 라 주 녓

7 주간보고서를 다 완료했으면 좋겠어요.

Tôi ước gì đã làm xong báo cáo tuần.

또이 으억 지 다 람 쏨 바오 까오 뚜언

8 사장님이 토요일 근무를 없애는 걸 고려 중이시라고 들었어요.

Anh nghe nói ông giám đốc đang xem xét nghỉ ngày thứ 7.

아잉 응애 너이 옴 잠 독 당 쌤 쌛 응이 응아이 트 베이

9 내일 사장님께서 출장을 가실 거라고 들었어요.

Tôi nghe nói ngày mai ông giám đốc đi công tác.

또이 응애 너이 응아이 마이 옴 잠 독 디 꼼 딱

10 다음 달에 우리 회사에 체육대회가 있을 거라고 들었어요.

Tôi nghe nói tháng sau công ty chúng ta sẽ có đại hội thể thao.

또이 응애 너이 탕 사우 꼼 띠 줌 따 새 꺼 다이 허이 테 타오

1 월간보고서를 다 쓰셨어요?

Em đã viết xong báo cáo tháng chưa?

앰 다 비엘 쏨 바오 까오 탕 즈어

2 신년계획서를 다 쓰셨어요?

Anh đã viết xong kế hoạch năm mới chưa?

아잉 다 비엘 쏨 께 화익 남 머이 즈어

3 결재를 받았어요?

Anh đã được duyệt chưa?

아잉 다 드억 주엗 즈어

4 기획서를 다 쓰셨어요?

Anh đã viết xong bản kế hoạch chưa?

아잉 다 비엘 쏨 반 께 화익 즈어

5 급여가 올랐으면 좋겠어요.

Tôi ước gì được tăng lương.

또이 으억 지 드억 땅 르엉

6 해외 출장을 갔으면 좋겠어요.

Em ước gì được đi công tác nước ngoài.

앰 으억 지 드억 디 꼼 딱 느억 응와이

7 점심시간이 1시간 30분이었으면 좋겠어요.

Tôi ước gì thời gian nghỉ trưa là 1 giờ 30 phút.

또이 으억 지 터이 쟌 응이 즈어 라 못 저 바 므어이 푼

8 이번 주는 일이 많다고 들었어요.

Tôi nghe nói tuần này việc nhiều.

또이 응애 너이 뚜언 나이 비엑 니에우

9 그 친구가 이직할 거라고 들었어요.

Tôi nghe nói em ấy sẽ chuyển công ty.

또이 응애 너이 앰 에이 새 주엔 꼼 띠

10 다음 주에 계약할 거라고 들었어요.

Tôi nghe nói tuần sau sẽ ký hợp đồng.

또이 응애 너이 뚜언 사우 새 끼 헙 돔

Bài

4

제안·부탁·거절

- 같이 점심 먹으러 가요!
- 미안하지만, 오늘 일이 많아서 점심시간에 일을 해야 해요.
- 2시 전에 자료 준비를 다 해야 해요.

베트남의 낮잠 문화

베트남의 학교나 직장은 한국보다 일찍 시작한다. 학교는 보통 오전 6시 30분에 시작하고, 회사는 7시 30분 또는 8시에 시작한다. 새벽에 활동을 시작해서 그런지, 대부분의 사람들은 점심 식사 후 낮잠을 자는 경우가 많다. 베트남 회사 또는 많은 외국계 기업의 점심시간은 보통 1시간 30분이며, 대략 1시간 동안 식사를 하고 나서 30분간 낮잠을 자는 경우가 많다. 조명을 끄고 편하게 낮잠을 잘 수 있는 공간을 제공해 주는 회사도 적지 않다. 공공기관들은 대부분 점심시간이 1시간 30분 ~ 2시간이며, 역시 식사를 한 후 문을 닫고 낮잠을 잔다. 한국처럼 교대근무를 하여 점심시간에도 일을 처리하는 공공기관은 거의 없다. 길가에서 나무 사이에 해먹을 걸고 낮잠을 자는 사람들도 흔히 볼 수 있다. 대다수의 xe ôm(오토바이 택시) 기사들은 점심시간에 해먹을 이용하여 낮잠을 잔다.

대화를 듣고 큰 소리로 따라 읽어 보세요.

Lan	Mai ơi, hôm nay em có thời gian không? Chúng ta cùng đi ăn trưa nhé!
Mai	Em rất muốn nhưng xin lỗi chị, vì nhiều việc quá nên hôm nay em sẽ phải làm việc trong giờ nghỉ trưa.
Lan	Thế à? Dạo này bộ phận của em có dự án đặc biệt à?
Mai	Vì chiều nay trưởng phòng của em đi công tác nước ngoài, nên em phải chuẩn bị xong tài liệu trước 2 giờ ạ.
Lan	Ồ, em vất vả quá. Thế thì ngày mai chúng ta cùng nhau đi ăn trưa được không?
Mai	Vâng, được ạ.
Lan	Em cố gắng làm nhé.
Mai	Vâng, cảm ơn chị.

란	마이 씨, 오늘 시간 있어요? 같이 점심 먹으러 가요!
마이	너무나 그러고 싶은데 미안하지만, 오늘 일이 너무 많아서 점심시간에 일을 해야 해요.
란	그래요? 요즘 마이 씨의 부서에 특별한 프로젝트가 있나요?
마이	오늘 오후에 저희 팀장님께서 해외 출장을 가셔서 2시 전에 자료 준비를 다 해야 해요.
란	오, 고생 많으시네요. 그러면 내일은 점심 식사를 같이 할 수 있을까요?
마이	네, 할 수 있어요.
란	수고하세요.
마이	네, 감사합니다.

어휘 익히기

- thời gian 시간
- cùng 같이
- nghỉ trưa 점심시간
- dự án 프로젝트
- đi công tác 출장 가다

- nước ngoài 해외
- chuẩn bị 준비하다
- tài liệu 자료
- vất vả 고생하다
- cố gắng 노력하다

1 Chúng ta cùng đi ăn trưa nhé!

같이 점심 먹으러 가요!

문장 끝에 **nhé**를 붙이면 상대방에게 동의를 구하거나 가벼운 명령 또는 제안을 하는 표현이 된다. 주로 구어체에서 많이 쓰인다.

- Em gửi báo cáo tuần cho anh trước 5 giờ chiều nhé!

  오후 5시 전에 저에게 주간보고서를 보내 주세요!

- Ngày mai chúng ta đi xem phim sau giờ làm nhé!

  내일 퇴근 후에 영화 보러 가요!

2 Xin lỗi chị, vì nhiều việc quá nên hôm nay em sẽ phải làm việc trong giờ nghỉ trưa.

미안하지만, 오늘 일이 많아서 점심시간에 일을 해야 해요.

상대방의 제안을 거절할 때는 **Xin lỗi**(미안하다)를 먼저 말하고 '**Xin lỗi** + 2인칭 대명사, **vì** + 원인 + **nên** + 결과' 또는 '**Xin lỗi** + 2인칭 대명사, 결과 + **vì** + 원인'(미안하지만, ~해서 ~하다) 형식으로 말한다.

- Xin lỗi anh, vì có việc ở nhà nên hôm nay em sẽ về sớm.

  미안하지만, 집에 일이 있어서 일찍 들어가야겠어요.

- Xin lỗi em, anh không thể đi cùng em vì có hẹn trước.

  미안하지만, 선약이 있어서 같이 갈 수 없어요.

3 Em phải chuẩn bị xong tài liệu trước 2 giờ ạ.

2시 전에 자료 준비를 다 해야 해요.

'~해야 한다'라고 의무나 책임을 강조할 때는 'phải + 동사' 형식으로 말한다.

- Ngày mai em phải đi làm sớm.

  내일 일찍 출근해야 해요.

- Tuần sau có cuộc họp tháng nên em phải chuẩn bị tài liệu.

  다음 주에 월간회의가 있어서 자료를 준비해야 해요.

- Anh phải đi sân bay đón ông giám đốc.

  사장님을 마중하러 공항에 가야 해요.

실수하기 쉬운 이 표현!

"일이 많아서 점심시간에 일을 해야 해요."

Em phải làm việc trong giờ nghỉ trưa vì thế nhiều việc quá. (X)
Em phải làm việc trong giờ nghỉ trưa vì nhiều việc quá. (O)

많은 학습자들이 vì와 vì thế를 구분하지 못하는 경우가 많다. vì는 '~기 때문에'라는 뜻으로 뒤에 원인을 설명하는 말이 나오고, vì thế는 '그래서'라는 뜻으로 뒤에 결과가 나온다.

1 같이 점심 먹으러 가요!

Chúng ta cùng đi ăn trưa nhé!

쭘 따 꿈 디 안 즈어 내

2 오후 5시 전에 저에게 주간보고서를 보내 주세요!

Em gửi báo cáo tuần cho anh trước 5 giờ chiều nhé!

앰 그이 바오 까오 뚜언 저 아잉 즈억 남 져 지에우 내

3 내일 퇴근 후에 영화 보러 가요!

Ngày mai chúng ta đi xem phim sau giờ làm nhé!

응아이 마이 쭘 따 디 쌤 핌 사우 져 람 내

4 미안하지만, 오늘 일이 많아서 점심시간에 일을 해야 해요.

Xin lỗi chị, vì nhiều việc quá nên hôm nay em sẽ phải làm việc trong giờ nghỉ trưa.

씬 로이 지, 비 니에우 비엑 꾸아 넨 홈 나이 앰 새 파이 람 비엑 좀 져 응이 즈어

5 미안하지만, 집에 일이 있어서 일찍 들어가야겠어요.

Xin lỗi anh, vì có việc ở nhà nên hôm nay em sẽ về sớm.

씬 로이 아잉, 비 꺼 비엑 어 냐 넨 홈 나이 앰 새 베 섬

6 미안하지만, 선약이 있어서 같이 갈 수 없어요.

Xin lỗi em, anh không thể đi cùng em vì có hẹn trước.

씬 로이 앰, 아잉 콤 테 디 꿈 앰 비 꺼 헨 즈억

7 2시 전에 자료 준비를 다 해야 해요.

Em phải chuẩn bị xong tài liệu trước 2 giờ.

앰 파이 주언 비 쏨 다이 리에우 즈억 하이 저

8 내일 일찍 출근해야 해요.

Ngày mai em phải đi làm sớm.

응아이 마이 앰 파이 디 람 섬

9 다음 주에 월간회의가 있어서 자료를 준비해야 해요.

Tuần sau có cuộc họp tháng nên em phải chuẩn bị tài liệu.

뚜언 사우 꺼 꾸억 헙 탕 넨 앰 파이 주언 비 다이 리에우

10 사장님을 마중하러 공항에 가야 해요.

Anh phải đi sân bay đón ông giám đốc.

아잉 파이 디 선 바이 던 옴 쟘 독

1 내일 오전 10시에 회의해요!

Ngày mai chúng ta họp lúc 10 giờ sáng nhé!

응아이 마이 쭘 따 헙 룩 므어이 져 상 내

2 참고 자료를 이메일로 보내 주세요!

Anh gửi cho tôi tài liệu tham khảo bằng email nhé!

아잉 그이 저 또이 다이 리에우 탐 카오 방 이메일 내

3 이메일을 확인한 후 저에게 전화해 주세요!

Anh gọi cho tôi sau khi kiểm tra email nhé!

아잉 거이 저 또이 사우 키 끼엠 쟈 이메일 내

4 오후 6시에 공항에서 픽업해 주세요!

Anh đón tôi ở sân bay lúc 6 giờ chiều nhé!

아잉 던 또이 어 선 바이 룩 사우 져 지에우 내

5 미안하지만, 연말이라서 일이 매우 많아요.

Xin lỗi chị, vì là cuối năm nên việc nhiều quá.

씬 로이 지, 비 라 꾸이 남 넨 비엑 니에우 꾸아

6 미안하지만, 오늘 몸이 아파서 출근하지 못했어요.

Xin lỗi anh, hôm nay tôi không thể đi làm vì bị ốm.

씬 로이 아잉, 홈 나이 또이 콤 테 디 람 비 비 옴

7 미안하지만, 어제 늦게까지 일을 해서 오늘은 피곤하네요.

Xin lỗi anh, vì hôm qua làm việc muộn nên hôm nay tôi mệt quá.

씬 로이 아잉, 비 홈 꾸아 람 비엑 무언 넨 홈 나이 또이 멧 꾸아

8 내일 사장님께 보고를 드려야 해요.

Ngày mai tôi phải báo cáo cho ông giám đốc.

응아이 마이 또이 파이 바오 까오 저 옴 쟘 독

9 차량 렌트 업체에 대금을 지불해야 해요.

Tôi phải thanh toán tiền cho công ty cho thuê xe.

또이 파이 타잉 또안 띠엔 저 꼼 띠 저 투에 새

10 내일까지 계약서를 다 준비해야 해요.

Đến ngày mai tôi phải chuẩn bị xong hợp đồng.

덴 응아이 마이 또이 파이 주언 비 쏨 헙 돔

업무 지시

핵심표현 미리보기

- 내일 오후 5시 전에 출장품의서를 제출해 주세요.
- 내년도 업무계획서 쓰는 것을 잊지 마세요.
- 모레 오후 2시까지 하세요.

베트남 사람에게 업무를 지시할 때 유의사항

베트남 사람에게 업무를 지시할 때는 그 업무를 해야 하는 이유와 목적도 같이 설명해 주는 것이 좋다. 업무의 목적을 충분히 설명해 주지 않으면 강압감을 느끼고 일에 대한 동기가 약해질 수 있기 때문이다. 업무의 목적을 이해하면 누구보다도 열정적으로 일하는 사람들이 베트남 사람들이다.

업무 지시 후에는 지시사항을 제대로 이해했는지 확인하는 것이 중요하다. 많은 베트남 사람들이 내용을 이해하지 못해도 질문을 망설이는 경향이 있기 때문이다. 업무를 지시할 때는 작업 방법이나 마감 기한 등에 대해 구체적으로 이야기하는 것이 좋다.

대화를 듣고 큰 소리로 따라 읽어 보세요.

Nam	Mai ơi, em đang làm gì thế?
Mai	Dạ em đang làm báo cáo ngày ạ.
Nam	Ừ, tuần sau anh sẽ đi công tác Hàn Quốc. Em trình giúp anh đề nghị công tác trước 5 giờ chiều mai nhé.
Mai	Vâng, em sẽ làm nhanh ạ.
Nam	Anh nghe nói ông giám đốc nghỉ phép, nên phải trình đề nghị công tác trước 5 giờ chiều mai. Ngoài đề nghị công tác ra, em đừng quên làm kế hoạch công việc của năm sau nhé.
Mai	Dạ vâng, kế hoạch công việc thì đến khi nào nộp ạ?
Nam	Em làm đến 2 giờ chiều ngày mốt nhé. Anh sẽ xem và góp ý.
Mai	Vâng, em hiểu rồi ạ.

남	마이 씨, 뭐 하고 있어요?
마이	일일보고서를 쓰고 있습니다.
남	다음 주에 한국 출장을 갈 거예요. 내일 오후 5시 전에 출장품의서를 제출해 주세요.
마이	네, 빨리 하겠습니다.
남	사장님께서 휴가를 가신다고 들었어요. 그래서 내일 오후 5시 전에 출장품의서를 내야 돼요. 품의서 외에 내년도 업무계획서 쓰는 것을 잊지 마세요.
마이	네, 업무계획서는 언제까지 제출하면 될까요?
남	모레 오후 2시까지 하세요. 내가 보고 피드백을 해 줄게요.
마이	네, 알겠습니다.

어휘 익히기

- trình (상사에게) 제출하다
- để nghị công tác 출장품의서
- nghỉ phép 휴가를 가다
- ngoài ~ ra ~ 외에

- kế hoạch công việc 업무계획서
- nộp 내다, 제출하다
- đến (+ 시간) ~까지
- góp ý 피드백하다

1 Em trình giúp anh đề nghị công tác trước 5 giờ chiều mai nhé.

내일 오후 5시 전에 출장품의서를 제출해 주세요.

업무를 지시하거나 부탁할 때는 '~해 주세요'라는 뜻의 giúp을 써서 '동사 + giúp + 대상(~에게) + nhé' 형식으로 말한다. 목적어가 필요한 경우, 목적어는 동사나 대상 뒤에 넣는다.

- Em đặt giúp anh vé máy bay đi Hà Nội nhé.

  하노이행 비행기표를 예약해 주세요.

- Em gọi điện đến nhà hàng đặt chỗ giúp anh nhé.

  식당에 전화해서 자리를 예약해 주세요.

2 Em đừng quên làm kế hoạch công việc của năm sau nhé.

내년도 업무계획서 쓰는 것을 잊지 마세요.

'~하는 것을 잊지 마세요'라는 말은 '주어 + đừng quên + 동사'로 표현할 수 있다. đừng은 '~지 마세요', quên은 '잊다'라는 뜻이다.

- Em đừng quên đi gặp khách hàng lúc 10 giờ sáng.

  오전 10시에 고객을 만나러 가는 것을 잊지 마세요.

- Anh đừng quên nộp báo cáo ngày trước khi về.

  퇴근하기 전에 일일보고서 제출하는 것을 잊지 마세요.

3 Em làm đến 2 giờ chiều ngày mốt nhé.

모레 오후 2시까지 하세요.

đến은 '~까지'라는 말로, 뒤에 시간을 나타내는 명사를 써서 기한을 나타낼 수 있다.

- Đến thứ ba tuần sau, anh phải hoàn thành.

  다음 주 화요일까지 완료하세요.

- Chị kiểm tra bản hợp đồng này đến 6 giờ chiều nay nhé.

  금일 6시까지 이 계약서를 검토하세요.

- Anh hoàn thành báo cáo tài chính đến thứ sáu tuần này

  nhé. 이번 주 금요일까지 재무제표를 완료하세요.

실수하기 쉬운 이 표현!

"내일 오후 5시 전에 출장품의서를 제출하세요."

Em nộp đề nghị công tác trước khi 5 giờ chiều mai nhé. (X)
Em nộp đề nghị công tác trước 5 giờ chiều mai nhé. (O)

trước(전)이나, sau(후)는 시간을 나타내는 명사 앞에 쓰며, trước khi(~하기 전에), sau khi(~한 후에)는 문장 또는 동사 앞에 쓴다.

1 내일 오후 5시 전에 출장품의서를 제출해 주세요.

Em trình giúp anh để nghị công tác trước 5 giờ chiều mai nhé.

앰 징 쥽 아잉 데 응이 꼼 딱 즈억 남 져 지에우 마이 내

2 하노이행 비행기표를 예약해 주세요.

Em đặt giúp anh vé máy bay đi Hà Nội nhé.

앰 닫 쥽 아잉 배 마이 바이 디 하 노이 내

3 식당에 전화해서 자리를 예약해 주세요.

Em gọi điện đến nhà hàng đặt chỗ giúp anh nhé.

앰 거이 디엔 덴 냐 항 닫 조 쥽 아잉 내

4 내년도 업무계획서 쓰는 것을 잊지 마세요.

Em đừng quên làm kế hoạch công việc của năm sau nhé.

앰 등 꾸엔 람 께 화익 꼼 비엑 꾸어 남 사우 내

5 오전 10시에 고객을 만나러 가는 것을 잊지 마세요.

Em đừng quên đi gặp khách hàng lúc 10 giờ sáng.

앰 등 꾸엔 디 갑 카익 항 룩 드어이 져 상

6 퇴근하기 전에 일일보고서 제출하는 것을 잊지 마세요.

Anh đừng quên nộp báo cáo ngày trước khi về.

아잉 등 꾸엔 놉 바오 까오 응아이 즈억 키 베

---

7 모레 오후 2시까지 하세요.

Em làm đến 2 giờ chiều ngày mốt nhé.

앰 람 덴 하이 져 지에우 응아이 몯 내

---

8 다음 주 화요일까지 완료하세요.

Đến thứ ba tuần sau, anh phải hoàn thành.

덴 트 바 뚜언 사우, 아잉 파이 환 타잉

---

9 금일 6시까지 이 계약서를 검토하세요.

Chị kiểm tra bản hợp đồng này đến 6 giờ chiều nay nhé.

지 끼엠 쟈 반 헙 돔 나이 덴 사우 져 지에우 나이 내

---

10 이번 주 금요일까지 재무제표를 완료하세요.

Anh hoàn thành báo cáo tài chính đến thứ sáu tuần này nhé.

아잉 환 타잉 바오 까오 다이 지잉 덴 트 사우 뚜언 나이 내

1 운전기사를 불러 주세요.

Em gọi giúp anh tài xế nhé.

앰 거이 즙 아잉 따이 세 내

---

2 한국으로 이 서류를 보내 주세요.

Em gửi hồ sơ này sang Hàn Quốc giúp anh nhé.

앰 그이 호 서 나이 상 한 꾸억 즙 아잉 내

---

3 내일 회의 일정을 확인해 주세요.

Chị kiểm tra lịch họp ngày mai giúp tôi nhé.

지 끼엠 쟈 릭 헙 응아이 마이 즙 또이 내

---

4 확정 이메일을 보내 주세요.

Anh gửi email xác nhận giúp tôi nhé.

아잉 그이 이메일 싹 년 즙 또이 내

---

5 내일 오전 10시에 공항에서 픽업하는 것을 잊지 마세요.

Anh đừng quên 10 giờ sáng mai đón tôi ở sân bay.

아잉 등 꾸엔 므어이 져 상 마이 던 또이 어 선 바이

---

6 호텔을 예약하는 것을 잊지 마세요.

Em đừng quên đặt khách sạn.

앰 등 꾸엔 닷 카익 산

7 출장 예산을 확인하는 것을 잊지 마세요.

Em đừng quên kiểm tra dự toán công tác.

앰 등 꾸엔 끼엠 쟈 즈 또안 꼼 딱

8 내일 오후 3시까지 전 직원에게 공지를 보내세요.

Đến 3 giờ chiều mai anh gửi thông báo cho tất cả nhân viên nhé.

덴 바 저 지에우 마이 아잉 그이 통 바오 저 떳 까 년 비엔 내

9 다음 주 월요일까지 워크숍 계획서를 쓰세요.

Chị viết kế hoạch workshop đến thứ 2 tuần sau nhé.

지 비엣 께 화익 워크샵 덴 트 하이 뚜언 사우 내

10 이번 주 목요일 오후 2시까지 참석자 명단을 만드세요.

Em làm danh sách người tham gia đến 2 giờ chiều thứ 5 tuần này nhé.

앰 람 자잉 사익 응어이 탐 쟈 덴 하이 져 지우 트 남 뚜언 나이 내

Part 2

전화

6

전화 받기

핵심표현 미리보기

· 대한건설 품질안전관리부의 마이입니다.

· 잠시만 기다리십시오, 자리에 계신지 확인해 보겠습니다.

· 연결해 드리겠습니다.

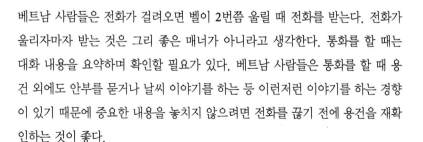

전화를 받을 때 유의사항

베트남 사람들은 전화가 걸려오면 벨이 2번쯤 울릴 때 전화를 받는다. 전화가 울리자마자 받는 것은 그리 좋은 매너가 아니라고 생각한다. 통화를 할 때는 대화 내용을 요약하며 확인할 필요가 있다. 베트남 사람들은 통화를 할 때 용건 외에도 안부를 묻거나 날씨 이야기를 하는 등 이런저런 이야기를 하는 경향이 있기 때문에 중요한 내용을 놓치지 않으려면 전화를 끊기 전에 용건을 재확인하는 것이 좋다.

대화를 듣고 큰 소리로 따라 읽어 보세요.

Mai	A lô, phòng Quản lý An toàn Chất lượng công ty xây dựng Daehan, Mai nghe.
Jae-ho	Chào chị Mai, tôi là Lee Jae-ho, nhân viên của công ty A-tech.
Mai	Vâng, chào anh Lee.
Jae-ho	Tôi muốn gặp anh Long trưởng phòng, nhưng tôi không có số nội bộ, chị có thể chuyển máy giúp tôi không?
Mai	Vâng, anh vui lòng chờ một chút, để tôi xem anh ấy có ở chỗ ngồi không.
Jae-ho	Vâng.
Mai	Anh Lee ơi, bây giờ anh Long có ở chỗ ngồi, tôi sẽ chuyển máy nhé.
Jae-ho	Cảm ơn chị.

마이	여보세요, 대한건설 품질안전관리부의 마이입니다.
재호	안녕하세요 마이 씨, 저는 A-tech의 이재호입니다.
마이	네, 안녕하세요.
재호	롱 과장님과 통화하고 싶은데, 직통번호가 없네요. 연결해 주시겠습니까?
마이	네, 잠시만 기다리십시오, 자리에 계신지 확인해 보겠습니다.
재호	네.
마이	이 씨, 롱 과장님이 지금 자리에 계시네요, 연결해 드리겠습니다.
재호	감사합니다.

어휘 익히기

- xây dựng 건설, 건설하다
- nhân viên 직원
- số nội bộ 직통번호
- chuyển máy 전화를 연결하다

- chờ 기다리다
- xem 보다
- chỗ ngồi 자리

1 Phòng Quản lý An toàn Chất lượng công ty xây dựng Daehan, Mai nghe.

대한건설 품질안전관리부의 마이입니다.

전화를 받을 때는 '듣다'라는 뜻의 nghe 동사를 사용하여, '부서명 + 회사명 + 이름 + nghe' 형식으로 말한다.

- Phòng Hợp đồng công ty xây dựng ABC, Lê nghe.

  ABC건설 계약팀의 레입니다.

- Phòng Nhân sự công ty xây dựng DaeHan, Hằng nghe.

  대한건설 인사팀의 항입니다.

2 Anh vui lòng chờ một chút, để tôi xem anh ấy có ở chỗ ngồi không.

잠시만 기다리십시오, 자리에 계신지 확인해 보겠습니다.

vui lòng은 영어의 please에 해당하는 말로, 상대방에게 공손하게 요청할 때 동사 앞에 쓴다. '잠시만 기다리십시오'는 '2인칭 대명사 + vui lòng chờ một chút', '~는지 확인해 보겠습니다'는 'để + 1인칭 대명사 + xem ~'라고 말한다.

- Chị vui lòng chờ một chút, để tôi xem nhân viên phụ trách là ai. 잠시만 기다리십시오. 담당자가 누군지 확인해 보겠습니다.
- Anh vui lòng chờ một chút, để tôi xem khi nào anh ấy đến văn phòng. 잠시만 기다리십시오, 언제 사무실에 오시는지 확인해 보겠습니다.

3 Tôi sẽ chuyển máy.

연결해 드리겠습니다.

'연결해 드리겠습니다'는 '1인칭 대명사 + sẽ chuyển máy'라고 말한다. sẽ는 '~할 것이다', chuyển máy는 '전화를 연결하다'라는 뜻이다. 연결하려는 대상은 전치사 cho(~에게) 뒤에 쓴다.

- Tôi sẽ chuyển máy cho người phụ trách.

  담당자께 연결해 드리겠습니다.

- Tôi sẽ chuyển máy cho bộ phận phụ trách.

  담당부서로 연결해 드리겠습니다.

- Tôi sẽ chuyển máy cho trưởng phòng của tôi.

  저희 팀장님께 연결해 드리겠습니다.

"잠시만 기다리세요."

Anh chờ một ít nhé. (X)

Anh chờ một chút/một lát nhé. (O)

một ít, một chút, một lát은 모두 '조금'이라는 의미이나 차이점이 있다. một ít은 수량에 대해 말할 때, một lát은 시간에 대해 말할 때, một chút은 수량, 시간에 대해 말할 때 모두 쓸 수 있다.

1

대한건설 품질안전관리부의 마이입니다.

Phòng Quản lý An toàn Chất lượng công ty xây dựng Daehan, Mai nghe.

폼 꾸안 리 안 또안 젙 르렁 꼼 띠 쎄이 증 대한, 마이 응애

2

ABC건설 계약팀의 레입니다.

Phòng Hợp đồng công ty xây dựng ABC, Lê nghe.

폼 헙 돔 꼼 띠 쎄이 증 ABC, 레 응애

3

대한건설 인사팀의 항입니다.

Phòng Nhân sự công ty xây dựng Daehan, Hằng nghe.

폼 년 스 꼼 띠 쎄이 증 대한, 항 응애

4

잠시만 기다리십시오, 자리에 계신지 확인해 보겠습니다.

Anh vui lòng chờ một chút, để tôi xem anh ấy có ở chỗ ngồi không.

아잉 부이 롱 저 몯쭌, 데 또이 쌤 아잉 에이 꺼 어 조 응오이 콤

5

잠시만 기다리십시오, 담당자가 누군지 확인해 보겠습니다.

Chị vui lòng chờ một chút, để tôi xem nhân viên phụ trách là ai.

지 부이 롱 저 몯쭌, 데 또이 쌤 년 비엔 푸 자익 라 아이

6

잠시만 기다리십시오. 언제 사무실에 오시는지 확인해 보겠습니다.

Anh vui lòng chờ một chút, để tôi xem khi nào anh ấy đến văn phòng.

아잉 부이 롱 저 몯쭏, 데 또이 쌤 키 나오 아잉 에이 덴 반 폼

7

연결해 드리겠습니다.

Tôi sẽ chuyển máy.

또이 새 주엔 마이

8

담당자께 연결해 드리겠습니다.

Tôi sẽ chuyển máy cho người phụ trách.

또이 새 주엔 마이 저 응어이 푸 자익

9

담당부서로 연결해 드리겠습니다.

Tôi sẽ chuyển máy cho bộ phận phụ trách.

또이 새 주엔 마이 저 보 펀 푸 자익

10

저희 팀장님께 연결해 드리겠습니다.

Tôi sẽ chuyển máy cho trưởng phòng của tôi.

또이 새 주엔 마이 저 즈엉 폼 꾸어 또이

1 HG글로벌 회계팀의 이민철입니다.

Phòng Kế toán Công ty HG Global, Lee Min-cheol nghe.

폼 께 또안 꼼 띠 HG(핟거) 글로벌, 이민철 응애

2 ABC은행 신용부의 이나은입니다.

Bộ phận Tín dụng Ngân hàng ABC, Lee Na-eun nghe.

보 펀 띤 쥼 응언 항 ABC, 이나은 응애

3 SC부동산 영업팀의 푹입니다.

Bộ phận Kinh doanh Công ty bất động sản SC, Phúc nghe.

보 펀 낑 좌잉 꼼 띠 벋 동 산 SC, 푹 응애

4 잠시만 기다리십시오, 팀장님의 출장 일정을 확인해 보겠습니다.

Anh vui lòng chờ một chút, để tôi xem lịch công tác của trưởng phòng.

아잉 부이롱 저 몯쭏, 데 또이 쌤 릭 꼼 딱 꾸어 즈엉 폼

5 잠시만 기다리십시오, 회의 장소를 확인해 보겠습니다.

Anh vui lòng chờ một chút, để tôi xem địa điểm họp.

아잉 부이롱 저 몯쭏, 데 또이 쌤 디어 디엠 헙

6 잠시만 기다리십시오, 방문 시간을 확인해 보겠습니다.

Anh vui lòng chờ một chút, để tôi xem thời gian đến thăm.

아잉 부이 롱 저 몯쭏, 도 또이 쌤 터이 쟌 뎀 탐

7 고객센터로 연결해 드리겠습니다.

Tôi sẽ chuyển máy cho trung tâm khách hàng.

또이 새 주엔 마이 저 쭘 땀 카익 항

8 회계부서로 연결해 드리겠습니다.

Tôi sẽ chuyển máy cho phòng Kế toán.

또이 새 주엔 마이 저 폼 께 또안

9 인사팀에 연결해 드리겠습니다.

Tôi sẽ chuyển máy cho phòng Nhân sự.

또이 새 주엔 마이 저 폼 년 스

10 A/S센터로 연결해 드리겠습니다.

Tôi sẽ chuyển máy cho Trung tâm hậu mãi.

또이 새 주엔 마이 저 쭘 땀 하우 마이

Bài

7

전화 걸기

전화를 걸 때 유의사항

전화를 걸 때는 용건을 말하기 전에 먼저 인사를 하고 본인의 이름과 회사명을 말해 주는 것이 좋다. 필요 시 상대방의 이름과 부서명을 확인할 수도 있다. 그런 다음에 전화한 목적이나 이유를 말한다. 간혹 업무 시간이 시작되자마자 전화를 하는 경우도 있는데, 아주 긴급한 경우가 아니라면 업무 시작 시간대는 피하는 것이 좋다. 보통 출근을 하면 전날의 업무를 정리하거나 오전 회의를 준비하는 등 바쁠 수 있기 때문이다. 전화를 끊기 전에 Chúc anh/chị ngày tốt lành(좋은 하루 되세요), Cảm ơn anh/chị đã nghe điện thoại(전화를 받아 주셔서 감사합니다), Hẹn gặp lại(또 만나요) 등의 간단한 인사를 한다면 상대방에게 더 좋은 인상을 줄 수 있다.

대화를 듣고 큰 소리로 따라 읽어 보세요.

Hà   A lô, Công ty A-tech, Hà nghe.

Min-ho   Chào chị, tôi là Park Min-ho, gọi đến từ Công ty Xây dựng Daehan. Tôi muốn gặp chị Ly phòng Kinh doanh.

Hà   Vâng, anh vui lòng chờ một chút ạ.

Ly   A lô, phòng Kinh doanh Công ty A-tech, Ly nghe.

Min-ho   Chào chị Ly, tôi là Park Min-ho, gọi đến từ Công ty Dae-han. Tôi gọi để xác nhận thời gian thăm nhà máy sản xuất của công ty chị.

Ly   Vâng, chào anh Park. Sáng mai 10 giờ anh Park đến nhé. Tôi sẽ đón anh ở cổng nhà máy.

Min-ho   Cảm ơn chị, hẹn gặp lại vào ngày mai.

Ly   Vâng, chào anh.

하	여보세요, A-tech의 하입니다.
민호	안녕하세요, 대한건설의 박민호입니다. 영업팀의 리 씨와 통화하고 싶습니다.
하	네, 잠시만 기다리십시오.
리	여보세요, A-tech 영업팀의 리입니다.
민호	안녕하세요 리 씨, 대한건설의 박민호입니다. 생산공장 방문 시간을 확인하기 위해 전화드렸습니다.
리	네, 안녕하세요. 내일 오전 10시에 오세요. 공장 정문에서 마중하겠습니다.
민호	감사합니다, 내일 뵙겠습니다.
리	네, 들어가세요.

어휘 익히기

- gọi 부르다, 전화하다
- xác nhận 확인하다, 확정하다
- thăm 방문하다

- nhà máy 공장
- đón 마중하다
- cổng 정문

1 Tôi là Park Min-ho, gọi đến từ Công ty Xây dựng Daehan.

대한건설의 박민호입니다.

전화를 걸 때는 'Tôi là + 이름, gọi đến từ(~에서 전화하다) + 회사명' 형식으로 말한다.

- Chào anh, tôi là Ly, gọi đến từ Công ty A-tech.

  안녕하세요, A-tech의 리입니다.

- Tôi là Lee Min-cheol, gọi đến từ ngân hàng SC.

  SC은행의 이민철입니다.

- Tôi là Tiên, gọi đến từ Công ty Chứng khoán S.

  S증권의 띠엔입니다.

2 Tôi muốn gặp chị Ly phòng Kinh doanh.

영업팀의 리 씨와 통화하고 싶습니다.

'○○부서의 ○○와 통화하고 싶습니다(바꿔주세요)'라는 말은 '주어 + muốn(원하다) + gặp(만나다) + 이름 + 부서' 형식으로 말한다. '통화하고 싶다'를 '만나고 싶다'라고 표현한다는 것을 기억하자.

- Tôi muốn gặp bộ phận Nhân sự.

  인사팀과 통화하고 싶습니다.

- Tôi muốn gặp anh Long, Trưởng phòng Quản lý An toàn.

  안전관리팀의 롱 과장님과 통화하고 싶습니다.

3 Tôi gọi để xác nhận thời gian thăm nhà máy sản
xuất của công ty chị.

생산공장 방문 시간을 확인하기 위해 전화드렸습니다.

전화를 건 이유나 목적을 말할 때는 'gọi(전화하다) + để(~하기 위해) + 동사 (+ 목적어)' 형식으로 말한다.

- Tôi gọi để hỏi địa chỉ email của người phụ trách.

  담당자의 이메일 주소를 묻기 위해 전화드렸습니다.

- Tôi gọi để xác nhận đấu thầu.

  입찰을 확정하기 위해 전화드렸습니다.

실수하기 쉬운 이 표현!

"공장 정문에서 마중하겠습니다."

Tôi sẽ đón anh cổng nhà máy. (X)

Tôi sẽ đón anh ở cổng nhà máy. (O)

'~에서'라고 장소를 말할 때, 장소 앞에는 '에서'에 해당하는 전치사 ở가 필요하다. 빠뜨리고 말하는 경우가 많은데, 실수하지 않도록 주의하자!

1 대한건설의 박민호입니다.

Tôi là Park Min-ho, gọi đến từ Công ty Xây dựng Daehan.

또이 라 박민호, 거이 덴 뜨 꼼 띠 세이 증 대한

2 안녕하세요, A-tech의 리입니다.

Chào anh, tôi là Ly, gọi đến từ Công ty A-tech.

자오 아잉, 또이 라 리, 거이 덴 뜨 꼼 띠 A-tech

3 SC은행의 이민철입니다.

Tôi là Lee Min-cheol, gọi đến từ ngân hàng SC.

또이 라 리민철, 거이 덴 뜨 응언 항 SC

4 S증권의 띠엔입니다.

Tôi là Tiên, gọi đến từ Công ty Chứng khoán S.

또이 라 띠엔, 거이 덴 뜨 꼼 띠 증 코안 S

5 영업팀의 리 씨와 통화하고 싶습니다.

Tôi muốn gặp chị Ly phòng Kinh doanh.

또이 무언 갑 지 리 폼 낑 좌잉

6

인사팀과 통화하고 싶습니다.

Tôi muốn gặp bộ phận Nhân sự.

또이 무언 갑 보 편 녀 스

7

안전관리팀의 롱 과장님과 통화하고 싶습니다.

Tôi muốn gặp anh Long, Trưởng phòng Quản lý An toàn.

또이 무언 갑 아잉 롱, 즈엉 폼 꼬안 리 안 또안

8

생산공장 방문 시간을 확인하기 위해 전화드렸습니다.

Tôi gọi để xác nhận thời gian thăm nhà máy sản xuất của công ty chị.

또이 거이 데 싹 년 터이 쟌 탐 냐 마이 산 쑤얻 꾸어 꼼 띠 지

9

담당자의 이메일 주소를 묻기 위해 전화드렸습니다.

Tôi gọi để hỏi địa chỉ email của nhân viên phụ trách.

또이 거이 데 허이 디어 지 이메일 꾸어 년 비엔 푸 자익

10

입찰을 확정하기 위해 전화드렸습니다.

Tôi gọi để xác nhận đấu thầu.

또이 거이 데 싹 년 다우 타우

1 ABC은행의 이나영입니다.

Tôi là Lee Na-young, gọi đến từ ngân hàng ABC.

또이 라 리나영, 거이 덴 뜨 응언 항 ABC

---

2 HG화장품의 이수진입니다.

Tôi là Lee Su-jin, gọi đến từ Công ty Sản xuất Mỹ phẩm HG.

또이 라 리수진, 거이 덴 뜨 꼼 띠 산 쑤얼 미 팜 HG(항거)

---

3 A의류의 푹입니다.

Tôi là Phúc, gọi đến từ Công ty May mặc A.

또이 라 푹, 거이 덴 뜨 꼼 띠 마이 막 A

---

4 회계팀과 통화하고 싶습니다.

Tôi muốn gặp phòng Kế toán.

또이 무언 갑 폼 께 또안

---

5 법무팀의 박병재 씨와 통화하고 싶습니다.

Tôi muốn gặp anh Park Byung-Jae phòng Pháp lý.

또이 무언 갑 아잉 박병재 폼 팝 리

6 물류팀의 화 씨와 통화하고 싶습니다.

Tôi muốn gặp chị Hoa phòng Logistics.

또이 무언 갑 지 화 폼 로지스틱스

7 홍보팀의 항 씨와 통화하고 싶습니다.

Tôi muốn gặp chị Hằng phòng PR.

또이 무언 갑 지 항 폼 PR

8 회의 일정을 확인하기 위해 전화드렸습니다.

Tôi gọi để xác nhận lịch họp.

또이 거이 데 싹 년 릭 헙

9 입찰 일정을 확인하기 위해 전화드렸습니다.

Tôi gọi để xác nhận lịch đấu thầu.

또이 거이 데 싹 년 릭 따우 타우

10 방문 일정 변경을 알려 드리려고 전화드렸습니다.

Tôi gọi để cho anh biết là thay đổi lịch trình đến thăm.

또이 거이 데 저 아잉 비엗 라 타이 또이 릿징 덴 탐

Bài

8

전화 연결이 안될 때 (1)

핵심표현 미리보기

· 담당자가 통화 중입니다.

· 전화드리라고 할까요?

· 그분과 연락이 안되면 저에게 전화 주십시오.

\ 베트남의 *비즈니스 문화* /

담당자와 연결이 안될 때의 전화 응대

담당자와 전화 연결이 안될 때 가끔 전화를 건 사람이 담당자의 휴대폰 번호를 알려 달라고 하는 경우가 있다. 베트남 사람들은 본인에게 의견을 묻지 않고 외부 사람에게 휴대폰 번호를 알려 주는 것을 무례라고 생각한다. 이런 경우에는 상대방에게 메시지를 남기라고 하거나 담당자의 직통번호를 알려 주는 것이 좋다. 만약 외부 사람에게 회사 임직원의 휴대폰 번호를 불가피하게 알려 줘야 할 때는 담당자의 동의 하에 알려 주는 것이 좋다.

대화를 듣고 큰 소리로 따라 읽어 보세요.

Ly A lô, phòng Kinh doanh Công ty A-tech, Ly nghe.

Min-ho Chào chị Ly, tôi là Park Min-ho, gọi đến từ Công ty Xây dựng Daehan. Tôi muốn hỏi về hợp đồng mua bán thiết bị giữa công ty tôi và công ty chị.

Ly À, anh chờ một chút nhé, tôi sẽ chuyển máy cho nhân viên phụ trách.

(một lát sau)

Ly Xin lỗi anh. Nhân viên phụ trách đang nghe điện thoại. Tôi nói chị ấy gọi cho anh sau khi nghe điện thoại nhé?

Min-ho Không sao. Tôi sẽ gọi lại sau. Chị có thể cho tôi số điện thoại nội bộ và tên của chị ấy không?

Ly Vâng, chị ấy là Quỳnh, nhân viên phòng Hợp đồng, số điện thoại nội bộ của chị ấy là 1345. Anh hãy gọi cho tôi nếu không liên lạc được chị ấy nhé.

Min-ho Vâng, tôi biết rồi. Cảm ơn chị Ly.

Ly Vâng, cảm ơn anh.

리	여보세요, A-Tech 영업팀의 리입니다.
민호	안녕하세요 리 씨, 대한건설의 박민호입니다. 저희 회사와 귀사 간의 시설물 매매 계약서에 대해 여쭤보려고요.
리	아, 잠시만 기다려 주세요, 담당 직원을 연결해 드리겠습니다.
(잠시 후)	
리	죄송합니다. 담당자가 통화 중이네요. 통화가 끝나면 전화드리라고 할까요?
민호	괜찮습니다. 제가 다시 전화하겠습니다. 담당자분 성함과 직통번호를 알려 주시겠습니까?
리	네, 담당자는 계약팀의 꿘 씨이고, 직통번호는 1345입니다. 그분과 연락이 안되면 저에게 전화 주십시오.
민호	네, 알겠습니다. 감사합니다.
리	네, 감사합니다.

어휘 익히기

- hỏi 묻다
- giữa ~ 간에, ~ 사이에
- nghe điện thoại 통화하다
- số điện thoại nội bộ 직통번호
- hãy (+ 동사) ~하세요
- liên lạc 연락하다

1 Nhân viên phụ trách đang nghe điện thoại.

담당자가 통화 중입니다.

'~ 중이다'는 'đang + 동사'로 말한다. 이 표현을 사용하여 전화 연결이 안되는 이유를 다양하게 말할 수 있다.

- Xin lỗi anh, Giám đốc Park đang đi ra ngoài.

  죄송합니다만, 박 부장님은 외출 중이십니다.

- Hôm nay nhân viên phụ trách nghỉ phép.

  담당자가 오늘 휴가입니다.

- Nhân viên phụ trách đang họp.

  담당자가 회의 중입니다.

2 Tôi nói chị ấy gọi cho anh nhé?

(그녀에게) 전화드리라고 할까요?

'○○에게 당신에게 ~하라고 할까요?'는 'Tôi nói + ○○ + 동사 + cho + 2인칭 대명사 + nhé?'라고 한다.

- Tôi nói chị ấy gửi email cho anh nhé?

  (그녀에게) 이메일을 보내라고 할까요?

- Tôi nói anh ấy kiểm tra lịch trình cho anh nhé?

  (그에게) 일정을 확인하라고 할까요?

3 Anh hãy gọi cho tôi nếu không liên lạc được với chị ấy nhé.

그분과 연락이 안되면 저에게 전화 주십시오.

'만약 (~가) ~하면'은 'nếu (+ 주어) + 동사'로 말한다. nếu는 '만약'이라는 뜻의 접속사로 nếu 뒤의 주어는 주절의 주어와 동일하면 생략할 수 있다.

- Nếu gấp, anh hãy liên lạc qua điện thoại di động.
  통화가 급하시면 핸드폰으로 연락해 보십시오.

- Nếu anh không phiền, tôi sẽ nối máy cho người khác.
  괜찮으시면 다른 분을 연결해 드리겠습니다.

"담당자를 연결해 드리겠습니다."

Tôi chuyển máy cho nhân viên phụ trách. (X)

Tôi sẽ chuyển máy cho nhân viên phụ trách. (O)

미래 시제를 나타내는 부사 sẽ는 미래의 의미 외에 주어의 의지를 나타내기도 한다. '~하겠습니다'라고 말할 때 동사 앞에 sẽ를 쓰는 것을 잊지 말자.

1 담당자가 통화 중입니다.

Nhân viên phụ trách đang nghe điện thoại.

년 비엔 푸 자익 당 응애 디엔 톼이

2 죄송합니다만, 박 부장님은 외출 중이십니다.

Xin lỗi anh, Giám đốc Park đang đi ra ngoài.

씬 로이 아잉, 잠 독 박 당 디 자 응와이

3 담당자가 오늘 휴가입니다.

Hôm nay nhân viên phụ trách nghỉ phép.

홈 나이 년 비엔 푸 자익 응이 팹

4 담당자가 회의 중입니다.

Nhân viên phụ trách đang họp.

년 비엔 푸 자익 당 헙

5 전화드리라고 할까요?

Tôi nói chị ấy gọi cho anh nhé?

또이 너이 지 에이 거이 저 아잉 내

6 이메일을 보내라고 할까요?

Tôi nói chị ấy gửi email cho anh nhé?

또이 너이 지 에이 그이 이메일 저 아잉 냬

7 일정을 확인하라고 할까요?

Tôi nói anh ấy kiểm tra lịch trình cho anh nhé?

또이 너이 아잉 에이 끼엠 쟈 릭 징 저 아잉 냬

8 그분과 연락이 안되면 저에게 전화 주십시오.

Anh hãy gọi cho tôi nếu không liên lạc được với chị ấy nhé.

아잉 하이 거이 저 또이 네우 콤 리엔 락 드억 버이 지 에이 냬

9 통화가 급하시면 핸드폰으로 연락해 보십시오.

Nếu gấp, anh hãy liên lạc qua điện thoại di động.

네우 갑, 아잉 하이 리엔 락 꾸아 디엔 톼이 지 돔

10 괜찮으시면 다른 분을 연결해 드리겠습니다.

Nếu anh không phiền, tôi sẽ nối máy cho người khác.

네우 아잉 콤 피엔, 또이 새 너이 마이 저 응어이 칵

1 담당자가 외근 중입니다.

Nhân viên phụ trách đang đi làm việc bên ngoài.

년 비엔 푸 자익 당 디 람 비엑 벤 응와이

---

2 죄송합니다만, 담당자가 자리에 안 계십니다.

Xin lỗi chị, nhân viên phụ trách không có ở bàn làm việc.

씬 로이 지, 년 비엔 푸 자익 콤 꺼 어 반 람 비엑

---

3 죄송합니다만, 담당자가 출장 중입니다.

Xin lỗi anh, nhân viên phụ trách đang đi công tác.

씬 로이 아잉, 년 비엔 푸 자익 당 디 꼼 딱

---

4 담당자가 병가 중입니다.

Nhân viên phụ trách đang nghỉ bệnh.

년 비엔 푸 자익 당 응이 벤

---

5 계약서 초안을 이메일로 보내라고 말씀드릴까요?

Tôi nói chị ấy gửi bản thảo hợp đồng cho anh nhé?

또이 너이 지 에이 긔 반 타오 헙 동 저 아잉 내

6 다시 전화하라고 말씀드릴까요?

Tôi nói anh ấy gọi lại cho anh nhé?

또이 너이 아잉 에이 거이 라이 저 아잉 내

7 팩스로 자료를 보내라고 말씀드릴까요?

Tôi nói chị ấy gửi fax tài liệu cho anh nhé?

또이 너이 지에이 그이 팩 따이 리우에 저 아잉 내

8 담당자와 연락이 안되면 저에게 전화 주십시오.

Anh hãy gọi cho tôi nếu không liên lạc được nhân viên phụ trách.

아잉 하이 거이 저 또이 네우 콤 리엔 락 드억 년 비엔 푸 자익

9 괜찮으시면 통화가 끝날 때까지 기다리시겠습니까?

Nếu anh không phiền, vui lòng chờ đến khi cuộc gọi kết thúc nhé?

네우 아잉 콤 피엔, 부이 롱 저 덴 키 꾸억 거이 껠 툭 내

10 저한테 말씀하시면 전해 드리겠습니다.

Em sẽ chuyển lời nếu anh nói với em.

앰 새 주엔 러이 네우 아잉 너이 버이 앰

Bài 9

전화 연결이 안될 때 (2)

핵심표현 미리보기

· 안 씨는 외근 중이라 사무실에 안 계십니다.
· 곧 돌아오실 겁니다.
· 메시지를 남기시겠습니까?

메시지를 남길 때 주의사항

베트남어는 발음과 성조를 정확하게 하는 것이 매우 중요하다. 성조를 정확하게 발음하지 않으면 상대방이 전혀 알아듣지 못하거나 혹은 전혀 다른 의미로 받아들일 수도 있다. 때문에 전화 통화 시에는 적당한 속도로 또박또박 발음하는 것이 좋다. 통화하고 싶은 상대방이 부재중이라 제3자에게 메시지를 남길 때는 vui lòng 또는 làm ơn을 붙여 말하는 게 좋은데, 이는 영어의 please에 해당하는 말로 상대방에게 공손하게 요청할 때 쓰는 표현이다. 음성 메시지를 남기는 경우에는 본인의 이름, 소속, 전화를 건 목적, 전화번호 등의 정보를 남긴다. 끊기 전에는 Cảm ơn(고맙습니다), Hẹn gặp lại(또 만나요) 등과 같은 인사말도 잊지 말자.

대화를 듣고 큰 소리로 따라 읽어 보세요.

Mai	Phòng Quản lý An toàn Chất lượng, Mai nghe ạ.
Lan	Chào Mai. Chị Lan phòng Nhân sự đây. Em vui lòng chuyển máy cho Anh An nhé.
Mai	Dạ, anh An đi làm việc bên ngoài nên hiện nay không có ở văn phòng ạ.
Lan	Thế à? Bao giờ anh ấy về?
Mai	Chắc là anh ấy sắp về ạ. Chị thử gọi vào di động cho anh ấy chưa ạ?
Lan	Chị thử gọi rồi nhưng điện thoại của anh ấy bị tắt rồi.
Mai	Thế ạ. Chị có muốn để lại lời nhắn không ạ?
Lan	Ừ, em nói anh ấy gọi lại cho chị ngay khi về văn phòng nhé.
Mai	Vâng, em biết rồi ạ.

마이	품질안전관리부의 마이입니다.
란	안녕하세요 마이 씨. 인사과장 란입니다. 안 씨에게 연결 부탁드립니다.
마이	안 씨는 외근 중이라 지금 사무실에 안 계십니다.
란	그래요? 언제 돌아오나요?
마이	아마 곧 돌아올 거예요. 안 씨의 휴대폰으로 전화해 보셨나요?
란	전화해 봤는데 전화기가 꺼져 있더라고요.
마이	그렇군요. 메시지를 남기시겠어요?
란	네, 사무실에 들어오는 대로 전화해 달라고 전해 주세요.
마이	네, 알겠습니다.

어휘 익히기

- đi làm việc bên ngoài 외근하다
- bao giờ 언제
- về 돌아오다
- chắc là 아마도
- sắp 곧

- thử 시도하다
- di động 휴대폰
- tắt 꺼진
- lời nhắn 메시지
- ngay khi 즉시

1 Anh An đi làm việc bên ngoài nên không có ở văn phòng.

안 씨는 외근 중이라 사무실에 안 계십니다.

상대방이 찾는 사람이 부재중일 때는 '부재 이유(주어 + 동사) + nên(그래서) + không có(없다) + ở văn phòng/bàn làm việc(사무실에/자리에)'라고 말한다. '출근을 안 했다'는 không đi làm이라고 한다.

· Anh Park đi công tác nên không có ở văn phòng.

박 부장님은 출장 중이라 사무실에 안 계십니다.

· Anh Park nghỉ phép nên không đi làm.

박 부장님은 휴가라 출근을 안 하셨습니다.

2 Anh ấy sắp về.

곧 돌아오실 겁니다.

'곧 돌아오다'는 sắp về이다. 'khoảng(약, 대략) + 시간' 형식을 넣어 언제 돌아오는지 구체적으로 말할 수도 있다.

· Khoảng 2 giờ chiều anh ấy về.

오후 2시쯤에 돌아오실 겁니다.

· Khoảng 30 phút sau chị ấy về.

30분쯤 후에 돌아오실 겁니다.

3 Chị muốn để lại lời nhắn không?

메시지를 남기시겠습니까?

'~을 남기시겠습니까?'는 '2인칭 대명사 + muốn(원하다) + để lại(남기다) + 목적어
+ không?'라고 말한다.

- Chị muốn để lại tên không?

  성함을 남기시겠습니까?

- Anh muốn để lại tên công ty và bộ phận không?

  소속을 남기시겠습니까?

- Em muốn để lại địa chỉ liên lạc không?

  연락처를 남기시겠습니까?

"그는 곧 돌아올 겁니다."

Ngày mai, anh ấy sắp về. (X)

Anh ấy sắp về. (O)

sắp는 '곧'이란 뜻의 가까운 미래를 나타내는 부사로, ngày mai(내일) 같은 특정한 시
간을 나타내는 부사와 함께 쓰지 않는다.

Tôi sắp hoàn thành báo cáo. 보고서를 곧 완성할 겁니다.

Công ty tôi sắp ra mắt sản phẩm mới.

우리 회사가 새로운 상품을 곧 출시할 겁니다.

1 안 씨는 외근 중이라 사무실에 안 계십니다.

Anh An đi làm việc bên ngoài nên không có ở văn phòng.

아잉 안 디 람 비엑 벤 응와이 넨 콤 꺼 어 반 폼

2 박 부장님은 출장 중이라 사무실에 안 계십니다.

Anh Park đi công tác nên không có ở văn phòng.

아잉 박 디 꼼 딱 넨 콤 꺼 어 반 폼

3 박 부장님은 휴가라 출근을 안 하셨습니다.

Anh Park nghỉ phép nên không đi làm.

아잉 박 응이 팹 넨 콤 디 람

4 곧 돌아오실 겁니다.

Anh ấy sắp về.

아잉 에이 삽 베

5 오후 2시쯤에 돌아오실 겁니다.

Khoảng 2 giờ chiều anh ấy về.

코앙 하이 져 지에우 아잉 에이 베

6 30분쯤 후에 돌아오실 겁니다.

Khoảng 30 phút sau chị ấy về.

코앙 바 므어이 푿 사우 지 에이 베

---

7 메시지를 남기시겠습니까?

Chị muốn để lại lời nhắn không?

지 무언 데 라이 러이 냔 콤

---

8 성함을 남기시겠습니까?

Chị muốn để lại tên không?

지 무언 데 라이 덴 콤

---

9 소속을 남기시겠습니까?

Anh muốn để lại tên công ty và bộ phận không?

아잉 무언 데 라이 뗀 꼼 띠 바 보 펀 콤

---

10 연락처를 남기시겠습니까?

Em muốn để lại địa chỉ liên lạc không?

앰 무언 데 라이 디어 지 리엔 락 콤

1 롱 과장님은 회의 중이라 자리에 안 계십니다.

Anh Long đang họp nên không có ở bàn làm việc.

아잉 롱 땅 헙 넨 콤 꺼 어 반 람 비엑

2 고객을 만나러 나가셔서 사무실에 안 계십니다.

Chị ấy đi gặp khách hàng nên không có ở văn phòng.

지 에이 디 갑 카익 항 넨 콤 꺼 어 반 폼

3 민 씨는 아파서 출근을 안 하셨습니다.

Anh Minh bị ốm nên không đi làm.

아잉 밍 비 옴 넨 콤 디 람

4 남 과장님은 2시간쯤 후에 사무실에 들어오실 겁니다.

Khoảng 2 giờ sau anh Nam sẽ vào văn phòng.

코앙 하이 져 사우 아잉 남 새 바오 반 폼

5 오후 4시쯤에 돌아오실 겁니다.

Lúc 4 giờ chiều chị ấy sẽ về.

룩 본 져 지우 지 에이 새 베

6 오늘 사무실에 안 돌아오십니다.

Hôm nay anh ấy sẽ không về văn phòng.

홈 나이 아잉 에이 새 콤 베 반 폼

---

7 이메일 주소를 남기시겠습니까?

Chị có muốn để lại địa chỉ email không?

지 꺼 무언 데 라이 디어 지 이메일 콤

---

8 직통번호를 남기시겠습니까?

Anh có muốn để lại số điện thoại nội bộ không?

아잉 꺼 무언 데 라이 소 디엔 톼이 너이 보 콤

---

9 전화번호를 남기시겠습니까?

Chị có muốn để lại số điện thoại không?

지 꺼 무언 데 라이 소 디엔 톼이 콤

---

10 성함과 연락처를 남기시겠습니까?

Anh có muốn để lại tên và địa chỉ liên lạc không?

아잉 꺼 무언 데 라이 뗀 바 디어 지 리엔 락 콤

Part 3

회의

회의 일정 논의

- 회의 일정을 잡으려고 하는데, 다음 주 화요일 어떠세요?
- 그날은 이미 일정이 있습니다.
- 회의는 다음 주 수요일에 진행하겠습니다.

베트남의 회의 문화

한때 베트남 사람들은 회의를 매우 격식을 갖추어 해야 하는 것으로 여겨, 회의를 준비할 때 오래 전부터 일정을 잡고 미리 공문을 보내 관련 내용을 서로 논의하기도 하였다. 그렇지만 요즘은 많이 달라져서 편안한 분위기로 바뀌었다. 타사와 회의 일정을 잡을 때도 오래 전부터 미리 잡기보다 일주일 전쯤에 잡는 것이 보통이다. 회의 제의를 받으면 효율적인 회의 진행을 위해 상대방에게 미리 회의 안건을 문서로 요청하는 것이 좋다. 또한 회의 하루 이틀 전에 상대방에게 연락하여 회의 일정을 다시 한 번 상기시키는 것도 좋다.

대화를 듣고 큰 소리로 따라 읽어 보세요.

Hà	A lô, chào anh Park, em là Hà, nhân viên công ty A-tech.
Min-ho	Chào Hà, em khỏe không?
Hà	Cảm ơn anh, em khỏe ạ. Anh Park ơi, chúng ta phải họp về nội dung hợp đồng mua bán thiết bị. Em định thu xếp lịch họp, thứ 3 tuần sau thế nào ạ?
Min-ho	Để anh xem. À, ngày đó anh có lịch rồi, 10 giờ sáng thứ 4 tuần sau thì thế nào?
Hà	Được ạ. Vậy, em sẽ tiến hành cuộc họp vào thứ 4 tuần sau, lúc 10 giờ nhé.
Min-ho	Anh biết rồi.

하	여보세요, 안녕하세요 박 부장님, A-tech의 하입니다.
민호	안녕하세요, 잘 지내세요?
하	고맙습니다, 잘 지내고 있습니다. 부장님, 장비 매매 계약 내용에 관해 회의를 해야 하는데요. 회의 일정을 잡으려고 하는데, 다음 주 화요일 어떠세요?
민호	어디 보자. 아, 그날은 이미 일정이 있는데, 다음 주 수요일 오전 10시는 어떠세요?
하	좋습니다. 그럼, 다음 주 수요일 오전 10시에 회의를 진행하겠습니다.
민호	알겠습니다.

어휘 익히기

- họp 회의하다
- nội dung 내용
- hợp đồng 계약서
- mua bán 매매, 매매하다
- thiết bị 장비
- định ~하려고 하다

- thu xếp 일정을 잡다
- xem 보다
- ngày đó 그날
- lịch 일정
- tiến hành 진행하다
- cuộc họp 회의

1 Em định thu xếp lịch họp, thứ 3 tuần sau thế nào ạ?

회의 일정을 잡으려고 하는데, 다음 주 화요일 어떠세요?

'~하려고 하는데, ○○ 어떠세요?'라는 말은 '주어 + định + 동사, ○○ thế nào?' 라고 한다. 상대방을 존중하는 의미로 문장 끝에 ạ를 붙일 수도 있다. 비슷한 의미로 '○○ + được không?'은 '○○ 괜찮으세요?'라는 의미이다.

- Em định thu xếp lịch họp, chiều ngày kia thế nào ạ?

  회의 일정을 잡으려고 하는데, 모레 오후 어떠세요?

- Anh định tiến hành họp tuần, chiều mai thì thế nào?

  주간회의를 하려고 하는데, 내일 오후 어떠세요?

- Anh định họp tháng, sáng thứ 6 tuần sau được không?

  월간회의를 하려고 하는데, 다음 주 금요일 괜찮으세요?

2 Ngày đó anh có lịch rồi.

그날은 이미 일정이 있습니다.

'그날은 이미 ~이 있다'라는 말은 'Ngày đó anh có + 명사 + rồi(이미)'라고 한다. 비슷한 의미로 'Ngày đó anh + phải + 동사'(그날은 ~해야 한다)라고 말할 수도 있다.

- Ngày đó anh có cuộc họp rồi.

  그날은 이미 다른 회의가 있습니다.

- Ngày đó anh phải đi công tác.

  그날은 출장을 가야 합니다.

3 Em sẽ tiến hành cuộc họp vào thứ 4 tuần sau.

회의는 다음 주 수요일에 진행하겠습니다.

'~(요일/날짜)에 회의를 진행하겠다'라는 말은 '1인칭 대명사 + sẽ tiến hành cuộc họp + vào + 요일/날짜'로 말할 수 있다. 장소와 시간을 추가로 말하려면 'ở + 장소', 'lúc + 시간'을 넣어 말할 수 있다.

- Anh sẽ tiến hành cuộc họp vào thứ 5 tuần này, lúc 10 giờ sáng.

  회의는 이번 주 목요일, 오전 10시에 진행하겠습니다.

- Em sẽ tiến hành cuộc họp vào thứ 2 tuần sau, ở phòng họp lớn.

  회의는 다음 주 월요일, 대회의실에서 진행하겠습니다.

"어디 보자."

Anh xem. (X)

Để anh xem. (O)

để는 영어의 let과 같은 의미로, 'để + 대명사 + 동사'의 형식으로 쓰면 '~가 …하게 하다'라는 의미이다. Để anh xem은 영어 Let me see에 해당하는 표현이다.

1 회의 일정을 잡으려고 하는데, 다음 주 화요일 어떠세요?

Em định thu xếp lịch họp, thứ 3 tuần sau thế nào ạ?

앰 딩 투 쎕 릭 헙, 트 바 뚜언 사우 테 나오 아

2 회의 일정을 잡으려고 하는데, 모레 오후 어떠세요?

Em định thu xếp lịch họp, chiều ngày kia thế nào ạ?

앰 딩 투 쎕 릭 헙, 지에우 응에이 끼어 테 나오 아

3 주간회의를 하려고 하는데, 내일 오후 어떠세요?

Anh định tiến hành họp tuần, chiều mai thì thế nào?

아잉 딩 띠엔 하잉 헙 뚜언, 지에우 마이 티 테 나오

4 월간회의를 하려고 하는데, 다음 주 금요일 괜찮으세요?

Anh định họp tháng, sáng thứ 6 tuần sau được không?

아잉 딩 헙 탕, 상 트 사우 뚜언 사우 드억 콤

5 그날은 이미 일정이 있습니다.

Ngày đó anh có lịch rồi.

응아이 더 아잉 꺼 릭 조이

6 그날은 이미 다른 회의가 있습니다.

Ngày đó anh có cuộc họp rồi.

응아이 더 아잉 꺼 꾸억 헙 조이

7 그날은 출장을 가야 합니다.

Ngày đó anh phải đi công tác.

응아이 더 아잉 파이 디 꼼 딱

8 회의는 다음 주 수요일에 진행하겠습니다.

Em sẽ tiến hành cuộc họp vào thứ 4 tuần sau.

앰 새 띠엔 하잉 꾸억 헙 바오 트 뜨 뚜언 사우

9 회의는 이번 주 목요일, 오전 10시에 진행하겠습니다.

Anh sẽ tiến hành cuộc họp vào thứ 5 tuần này, lúc 10 giờ sáng.

아잉 새 띠엔 하잉 꾸억 바오 트 남 뚜언 나이, 룩 므어이 져 상

10 회의는 다음 주 월요일, 대회의실에서 진행하겠습니다.

Em sẽ tiến hành cuộc họp vào thứ 2 tuần sau, ở phòng họp lớn.

앰 새 띠엔 하잉 꾸억 헙 바오 트 하이 뚜언 사우, 어 폼 헙 런

1 주간회의를 하려고 하는데, 8월 2일 어떠세요?

Anh định họp tuần, ngày 2 tháng 8 thế nào?

아잉 딩 헙 뚜언, 응아이 하이 탕 땀 테 나오

2 회의 일정을 잡으려고 하는데, 다음 달 초 어떠세요?

Tôi định thu xếp lịch họp, đầu tháng sau thế nào?

또이 딩 투 쎕 릭 헙, 다우 탕 사우 테 나오

3 월간회의를 하려고 하는데, 이달 말 어떠세요?

Anh định họp tháng, cuối tháng này thế nào?

아잉 딩 헙 탕, 꾸이 탕 나이 테 나오

4 회의 일정을 잡으려고 하는데, 다다음 주 목요일 괜찮으세요?

Chị định thu xếp lịch họp, thứ 5 tuần sau nữa được không?

찌 딩 투 쎕 릭 헙, 트 남 뚜언 사우 느어 드억 콤

5 그날은 바쁜 일이 있어요.

Ngày đó anh có việc bận.

응아이 더 아잉 꺼 비엑 번

6 그날은 휴가입니다.

Ngày đó em nghỉ phép.

응아이 더 앰 응이 팹

7 그날은 고객 상담이 있습니다.

Ngày đó chị có tư vấn khách hàng.

응아이 더 찌 꺼 뜨 번 카익 항

8 회의는 9월 3일, 오전 10시에 진행하겠습니다.

Anh sẽ tiến hành họp vào ngày 3 tháng 9, lúc 10 giờ sáng.

아잉 새 띠엔 하잉 헙 바오 응아이 바 탕 진, 룩 므어이 져 상

9 회의는 이번 주 수요일, 오후 4시에 진행하겠습니다.

Tôi sẽ tiến hành họp vào thứ 4 tuần này, lúc 4 giờ chiều.

또이 새 띠엔 하잉 헙 바오 트 뜨 뚜언 나이, 룩 본 져 지우에

10 회의는 다음 주 금요일, 저희 사무실에서 진행하겠습니다.

Tôi sẽ tiến hành họp vào thứ 6 tuần sau, ở văn phòng chúng tôi.

또이 새 띠엔 하잉 헙 바오 트 사우 뚜언 사우, 어 반 폼 쭝 또이

회의 본론

- 회의의 목적은 계약 내용을 논의하는 것입니다.
- 우선 납품 기간부터 논의합시다.
- 동의합니다.

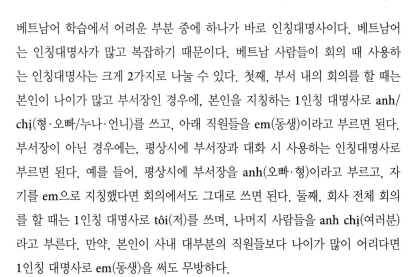

\ 베트남의 비즈니스 문화 /

회의 때 사용하는 인칭대명사

베트남어 학습에서 어려운 부분 중에 하나가 바로 인칭대명사이다. 베트남어는 인칭대명사가 많고 복잡하기 때문이다. 베트남 사람들이 회의 때 사용하는 인칭대명사는 크게 2가지로 나눌 수 있다. 첫째, 부서 내의 회의를 할 때는 본인이 나이가 많고 부서장인 경우에, 본인을 지칭하는 1인칭 대명사로 anh/chị(형·오빠/누나·언니)를 쓰고, 아래 직원들을 em(동생)이라고 부르면 된다. 부서장이 아닌 경우에는, 평상시에 부서장과 대화 시 사용하는 인칭대명사로 부르면 된다. 예를 들어, 평상시에 부서장을 anh(오빠·형)이라고 부르고, 자기를 em으로 지칭했다면 회의에서도 그대로 쓰면 된다. 둘째, 회사 전체 회의를 할 때는 1인칭 대명사로 tôi(저)를 쓰며, 나머지 사람들을 anh chị(여러분)라고 부른다. 만약, 본인이 사내 대부분의 직원들보다 나이가 많이 어리다면 1인칭 대명사로 em(동생)을 써도 무방하다.

대화를 듣고 큰 소리로 따라 읽어 보세요.

Hà   Chào anh Park, lâu rồi không gặp anh.

Min-ho   Chào Hà, cảm ơn em đã dành thời gian đến
            đây.

Hà   Không có chi ạ. Chúng ta bắt đầu cuộc họp
            nhé?

Min-ho   Ừ, như em đã biết, mục đích của cuộc họp hôm
            nay là thảo luận nội dung hợp đồng mua bán
            thiết bị. Chúng ta cần thảo luận về thời gian,
            địa điểm giao hàng, và bảo hành chất lượng.

Hà   Vâng, trước tiên hãy thảo luận thời gian giao
            hàng. Vì phải vận chuyển từ Hàn Quốc về Việt
            Nam, nên dự kiến mất khoảng 1 tháng sau khi
            làm xong hợp đồng.

Min-ho   Anh biết rồi, còn địa điểm giao hàng thì nhà
            máy bên anh có lẽ là tốt nhất.

Hà   Em đồng ý.

하	안녕하세요 박 부장님, 오랜만입니다.
민호	안녕하세요, 시간 내 주셔서 감사합니다.
하	별말씀을요. 회의 시작할까요?
민호	네, 아시다시피, 오늘 회의의 목적은 장비 매매 계약 내용을 논의하는 것입니다. 납품 기간, 납품 장소, 그리고 품질 보증에 대해 논의할 필요가 있습니다.
하	네, 우선 납품 기간부터 논의합시다. 한국에서 베트남으로 운송을 해야 하기 때문에 납품은 계약 후 약 한 달 걸릴 것입니다.
민호	알겠습니다. 납품 장소는 저희 공장이 좋을 것 같습니다.
하	동의합니다.

어휘 익히기

- lâu rồi 오래되다
- gặp 만나다
- dành thời gian 시간을 내다
- mục đích 목적
- thảo luận 논의하다
- cần 필요하다

- thời gian 시간
- địa điểm 장소
- giao hàng 배달(하다), 납품(하다)
- bảo hành 품질 보증(하다)
- vận chuyển 운송하다

1 Mục đích của cuộc họp là thảo luận nội dung hợp đồng.

회의의 목적은 계약 내용을 논의하는 것입니다.

'회의의 목적은 ~입니다'라는 말은 'Mục đích của cuộc họp(회의의 목적) là ~'라고 한다.

• Mục đích của cuộc họp là thảo luận phương án tăng doanh số.

회의 목적은 매출 증대 방안을 논의하는 것입니다.

• Mục đích của cuộc họp là thảo luận về tái cơ cấu tổ chức.

회의의 목적은 조직개편을 논의하는 것입니다.

2 Trước tiên hãy thảo luận thời gian giao hàng.

우선 납품 기간부터 논의합시다.

'우선 ~부터 논의합시다'라는 말은 'Trước tiên hãy thảo luận + 논의할 내용'으로 말한다. 'hãy + 동사'는 '~합시다', thảo luận은 '논의하다'라는 뜻이다. trước tiên(우선) 대신에 tiếp theo(다음은), cuối cùng(마지막으로) 등의 표현을 넣어 순서를 표현할 수 있다.

• Trước tiên hãy thảo luận số lượng đặt hàng tối thiểu.

우선 최소 발주 수량부터 논의합시다.

• Tiếp theo hãy thảo luận đơn giá sản phẩm.

다음은 단가를 논의합시다.

3 Em đồng ý.

동의합니다.

'동의하다'는 **đồng ý**이며, 이 뒤에 동의하는 대상이나 내용을 말하면 된다. '반대하다' 는 **không đồng ý** 또는 **phản đối**를 쓴다. 참고로, '~하면 어떨까요?'라고 의견을 제 시할 때는 'Nếu ~ thì thế nào?'라고 말한다.

- Anh đồng ý với ý kiến của Long.

  롱 씨의 의견에 동의합니다.

- Tôi phản đối. 반대합니다.

- Em phản đối thay đổi địa điểm giao hàng.

  납품 장소 변경에 반대합니다.

실수하기 쉬운 이 표현!

"A에서 B로 운송해야 하니 약 한 달 걸릴 거예요."

Vì sao phải vận chuyển từ A về B nên mất khoảng 1 tháng. (X)
Vì phải vận chuyển từ A về B nên mất khoảng 1 tháng. (O)

'왜냐하면 ~하기 때문에'라고 말할 때 'vì sao ~ nên' 형식으로 말하는 경우가 있는데, vì sao는 '왜'라는 뜻의 의문사로, 의문문에 사용한다. 원인과 결과를 말할 때는 'vì ~ nên' 형식으로 말한다는 것 잊지 말자.

1 회의의 목적은 계약 내용을 논의하는 것입니다.

Mục đích của cuộc họp là thảo luận nội dung hợp
đồng.

묵 딕 꾸어 꾸억 헙 라 타오 루언 노이 쥼 헙 돔

2 회의의 목적은 매출 증대 방안을 논의하는 것입니다.

Mục đích của cuộc họp là thảo luận phương án
tăng doanh số.

묵 딕 꾸어 꾸억 헙 라 타오 루언 프엉 안 땅 조안 소

3 회의의 목적은 조직개편을 논의하는 것입니다.

Mục đích của cuộc họp là thảo luận về tái cơ cấu tổ
chức.

묵 딕 꾸어 꾸억 헙 라 타오 루언 베 따이 꺼 까우 또 즉

4 우선 납품 기간부터 논의합시다.

Trước tiên hãy thảo luận thời gian giao hàng.

즈억 띠엔 하이 타오 루언 터이 쟌 쟈오 항

5 우선 최소 발주 수량부터 논의합시다.

Trước tiên hãy thảo luận số lượng đặt hàng tối
thiểu.

즈억 띠엔 하이 타오 루언 소 르엉 닷 항 또이 티에우

6 다음은 단가를 논의합시다.

Tiếp theo hãy thảo luận đơn giá sản phẩm.

띠엡 태오 하이 타오 루언 던 쟈 산 팜

---

7 동의합니다.

Em đồng ý.

앰 돔 이

---

8 롱 씨의 의견에 동의합니다.

Anh đồng ý với ý kiến của Long.

아잉 돔 이 버이 이 끼엔 꾸어 롬

---

9 반대합니다.

Tôi phản đối.

또이 판 도이

---

10 납품 장소 변경에 반대합니다.

Em phản đối thay đổi địa điểm giao hàng.

앰 판 도이 타이 도이 디어 디엠 쟈오 항

---

1 회의의 목적은 급여 제도를 검토하는 것입니다.

Mục đích của cuộc họp là xem xét chế độ lương.

묵 딕 꾸어 꾸억 헙 라 쌤 쌧 제 도 르엉

2 회의의 목적은 원가 절감 방안을 논의하는 것입니다.

Mục đích của cuộc họp là thảo luận phương án giảm chi phí.

묵 딕 꾸어 구억 헙 라 타오 루언 프엉 안 잠 지 피

3 회의의 목적은 복리후생 제도를 검토하는 것입니다.

Mục đích của cuộc họp là xem xét chế độ phúc lợi.

묵 딕 꾸어 구억 헙 라 쌤 쌧 제 도 푹 러이

4 회의의 목적은 부서간의 역할 분담을 논의하는 것입니다.

Mục đích của cuộc họp là thảo luận phân chia nhiệm vụ các bộ phận.

묵 딕 꾸어 구억 헙 라 타오 루언 펀 지어 니엠 부 깍 보 펀

5 우선 KPI부터 논의합시다.

Trước tiên hãy thảo luận KPI.

즈억 띠엔 하이 타오 루언 KPI

6 다음은 올해의 예산을 논의합시다.

Tiếp theo hãy thảo luận dự toán của năm nay.

띠엡 태오 하이 타오 루언 즈 또안 꾸어 남 나이

7 마지막으로 본사 견학 계획을 논의합시다.

Cuối cùng hãy thảo luận kế hoạch kiến tập công ty mẹ.

꾸이 꿈 하이 타오 루언 께 화익 끼엔 땁 꼼 띠 매

8 건설 현장에 납품하면 어떨까요?

Nếu giao hàng tại công trường xây dựng thì thế nào?

네우 쟈오 항 따이 꼼 즈엉 써이 증 티 테 나오

9 이 업무 계획에 반대합니다.

Chị phản đối kế hoạch công việc này.

지 판 도이 께 화익 꼼 비엑 나이

10 새로운 인사평가 계획에 동의합니다.

Tôi đồng ý kế hoạch đánh giá nhân sự mới.

또이 동 이 께 화익 다잉 쟈 년 쓰 머이

12

회의 마무리

- 내용을 정리하면, 장비가 공장에 한 달 후에 납품될 것입니다.
- 다른 어떤 궁금한 사항이 있습니까?
- 확인하여 알려 드리겠습니다.

회의를 마치고 헤어질 때의 인사

회의를 마치고 헤어질 때의 인사는 회의를 한 사람들과의 관계에 따라 달라질 수 있다. 서로 잘 아는 회사 내부 사람에게는 'Anh/Em đi nhé'(이만 갈게요) 또는 'Hẹn gặp lại'(또 만나요) 정도로 가볍고 편하게 인사한다. 반면에, 파트너사의 직원이나 다소 어려운 상대의 경우, 격식을 갖춰 'Cảm ơn ông/bà/anh/chị đã dành thời gian cho chúng tôi'(저희를 위해 시간을 내 주셔서 감사합니다) 또는 'Hy vọng chúng ta sẽ hợp tác tốt'(업무 협조가 잘 되기를 바랍니다) 등의 인사로 마무리를 하는 것이 좋다.

대화를 듣고 큰 소리로 따라 읽어 보세요.

Min-ho Sắp xếp lại nội dung thì thiết bị sẽ được giao đến nhà máy của công ty anh vào một tháng sau. Còn thời hạn bảo hành thì thế nào?

Hà Chúng em sẽ bảo hành trong 1 năm. Trong 1 năm, nếu sản phẩm phát sinh vấn đề thì anh thông báo cho bên em. Chúng em sẽ sửa chữa hoặc đổi hàng mới cho anh.

Min-ho Theo anh, thời hạn bảo hành 1 năm hơi ngắn. 2 năm không được à?

Hà Vì công ty anh là khách hàng lâu năm, bên em sẽ bảo hành 2 năm. Anh Park còn thắc mắc gì không ạ?

Min-ho Ai sẽ hướng dẫn vận hành thiết bị?

Hà Em sẽ kiểm tra và báo cho anh biết sau ạ.

Min-ho Cảm ơn em.

민호	내용을 정리하면, 장비는 우리 공장에 한 달 후에 납품될 것입니다. 보증기간은 어떻게 되죠?
하	1년 동안 보증해 드립니다. 1년 내에 상품에 문제가 생기면 저희 측에 통보해 주시면 됩니다. 저희가 수리해 드리거나 새로운 상품으로 교환해 드리겠습니다.
민호	제 생각에, 보증기간이 1년은 짧은 것 같습니다. 2년으로 해 주실 수 없나요?
하	귀사는 오랫동안 거래해 온 고객이니, 2년으로 해 드리겠습니다. 다른 어떤 궁금한 사항이 있으십니까?
민호	누가 장비 운영을 안내할 건가요?
하	그건 확인하여 알려 드리겠습니다.
민호	감사합니다.

어휘 익히기

- sản phẩm 상품, 제품
- phát sinh 생기다, 발생하다
- vấn đề 문제
- thông báo 통보, 통보하다
- sửa chữa 수리하다

- đổi 바꾸다, 교환하다
- khách hàng 고객
- lâu năm 오래된
- hướng dẫn 안내하다
- vận hành 운영하다, 운영

1 Sắp xếp lại nội dung thì thiết bị sẽ được giao đến nhà máy vào một tháng sau.

내용을 정리하면, 장비가 공장에 한 달 후에 납품될 것입니다.

sắp xếp lại는 '정리하다'라는 뜻으로, '내용/의견을 정리하면'이란 말은 'Sắp xếp lại nội dung/ý kiến thì ~'라고 할 수 있다. sắp xếp lại 대신 '요약하다'라는 뜻의 tóm tắt을 쓸 수도 있다.

- Sắp xếp lại nội dung thì không thể giao hàng trong tháng sau. 내용을 정리하면, 다음 달 내에 납품을 할 수 없다는 것입니다.

- Tóm tắt ý kiến của tôi thì tôi muốn giảm giá 10%. 제 의견을 요약하면, 가격을 10% 내리자는 것입니다.

2 Anh Park còn thắc mắc gì không ạ?

다른 어떤 궁금한 사항이 있습니까?

'다른 어떤 궁금한 사항이 있습니까?'라는 표현은 '남다'라는 뜻의 동사 còn을 사용하여, '주어 + còn thắc mắc gì không?' 형식으로 말한다. '어떤 ○○'는 의문사 gì를 써서 '○○ gì'라고 표현한다. thắc mắc(궁금한 사항) 대신에 câu hỏi'(질문), đề nghị(제안), ý kiến(의견) 등을 사용하여 말할 수 있다.

- Anh còn muốn nói gì không? 다른 어떤 하고 싶은 말씀이 있습니까?

- Chị còn thắc mắc gì về nội dung họp không? 회의 내용에 대해 다른 어떤 궁금한 사항이 있습니까?

3 Em sẽ kiểm tra và cho anh biết.

확인하여 알려 드리겠습니다.

'확인하다'라는 동사는 kiểm tra이다. '확인하고 ~하겠다'라는 말은 의지, 약속을 나타내는 sẽ를 써서 '주어 + sẽ kiểm tra và ~' 형식으로 말한다.

- Em sẽ kiểm tra và gọi điện thoại cho anh.

  확인하여 전화드리겠습니다.

- Anh sẽ kiểm tra và gửi email cho em.

  확인하여 이메일 보내 드리겠습니다.

- Tôi sẽ kiểm tra rồi chuyển lời.

  확인하여 전해 드리겠습니다.

"1년 동안 보증해 드립니다."

Chúng em sẽ bảo hành vào 1 năm. (X)
Chúng em sẽ bảo hành trong 1 năm. (O)

vào는 긴 시간대(아침, 오전, 주말 등)를 나타내는 명사 앞에 쓰며 한국어로 '~에'에 해당한다. trong은 시간을 나타내는 명사 앞에 쓰면 '~ 동안'이라는 뜻이고, 장소를 나타내는 명사 앞에 쓰면 '~ 안에', '~에서'라는 뜻이다.

Tôi đã uống cà phê vào buổi sáng. 나는 오전에 커피를 마셨다.

Trong công ty tôi, tôi là người trẻ nhất.

우리 회사에서 저는 가장 어린 사람입니다.

1 내용을 정리하면, 장비가 공장에 한 달 후에 납품될 것입니다.

Sắp xếp lại nội dung thì thiết bị sẽ được giao đến nhà máy vào một tháng sau.

삽 쎕 라이 너이 즁 티 티엣 비 새 드억 쟈오 덴 냐 마이 바오 몯 탕 사우

2 내용을 정리하면, 다음 달 내에 납품을 할 수 없다는 것입니다.

Sắp xếp lại nội dung thì không thể giao hàng trong tháng sau.

삽 쎕 라이 너이 즁 티 콤 테 쟈오 항 좀 탕 사우

3 제 의견을 요약하면, 가격을 10% 내리자는 것입니다.

Tóm tắt ý kiến của tôi thì tôi muốn giảm giá 10%.

똠 딷 이 끼엔 꾸어 또이 티 또이 무언 쟘 쟈 므어이 펀 쟘

4 다른 어떤 궁금한 사항이 있습니까?

Anh Park còn thắc mắc gì không ạ?

아잉 박 껀 탁 막 지 콤 아

5 다른 어떤 하고 싶은 말씀이 있습니까?

Anh còn muốn nói gì không?

아잉 껀 무언 너이 지 콤

6 회의 내용에 대해 다른 어떤 궁금한 사항이 있습니까?

Chị còn thắc mắc gì về nội dung họp không?

지 껀 탁 막 지 베 너이 쯩 헙 콤

---

7 확인하여 알려 드리겠습니다.

Em sẽ kiểm tra và cho anh biết.

앰 새 끼엠 쟈 바 저 아잉 비엣

---

8 확인하여 전화드리겠습니다.

Em sẽ kiểm tra và gọi điện thoại cho anh.

앰 새 끼엠 쟈 바 거이 디엔 톼이 저 아잉

---

9 확인하여 이메일 보내 드리겠습니다.

Anh sẽ kiểm tra và gửi email cho em.

아잉 새 끼엠 쟈 바 그이 이메일 저 앰

---

10 확인하여 전해 드리겠습니다.

Tôi sẽ kiểm tra rồi chuyển lời.

또이 새 끼엠 쟈 조이 주엔 러이

1 제 의견을 요약하면, 계약금을 15% 할인해 달라는 것입니다.

Tóm tắt ý kiến của tôi thì tôi muốn giảm 15% giá trị hợp đồng.

떰 딷 이 끼엔 꾸어 또이 티 또이 무언 쟘 므어이 람 펀 쟘 자 지 협 돔

2 내용을 정리하면, 매출 증대 방안을 적용하자는 것입니다.

Sắp xếp lại nội dung thì tôi để nghị áp dụng phương án tăng doanh số.

삽 쎕 라이 너이 융 티 또이 데 응이 압 융 프엉 안 땅 좌잉 소

3 내용을 정리하면, 조직개편이 필요하다는 것입니다.

Sắp xếp lại nội dung thì chúng ta cần tái cơ cấu tổ chức.

삽 쎕 라이 너이 융 티 줌 따 껀 따이 꺼 까우 또 즉

4 다른 어떤 제안이 있습니까?

Anh còn đề nghị gì không?

아잉 껀 데 응이 지 콤

5 다른 어떤 의견이 있습니까?

Chị còn ý kiến gì không?

지 껀 이 끼엔 지 콤

6 다른 어떤 질문이 있습니까?

Mọi người còn câu hỏi gì không?

머이 응으이 껀 까우 허이 지 콤

7 다른 어떤 전달 사항이 있습니까?

Anh còn nội dung truyền đạt gì không?

아잉 껀 너이 즁 주엔 닫 지 콤

8 확인하여 보고드리겠습니다.

Em sẽ kiểm tra và báo cáo cho anh.

앰 새 끼엠 쟈 바 바오 까오 저 아잉

9 확인하여 처리하겠습니다.

Em sẽ kiểm tra và xử lý.

앰 새 끼엠 쟈 바 쓰 리

10 확인하여 말씀드리겠습니다.

Em sẽ kiểm tra và nói với anh.

앰 새 끼엠 쟈 바 너이 버이 아잉

Part 4

프레젠테이션

프레젠테이션 도입부

- 신제품 발표회에 오신 여러분을 환영합니다.
- 프레젠테이션을 할 기회를 주셔서 감사합니다.
- 저희 회사의 신제품에 대해 말씀드리겠습니다.

\ 베트남의 **비즈니스 문화** /

프레젠테이션 팁

회사 생활을 하다 보면 크고 작은 프레젠테이션을 하게 될 기회가 많이 있다. 프레젠테이션을 할 때는 슬라이드 작업도 중요하지만 말하는 사람의 언변과 태도 또한 중요하다. 프레젠테이션을 시작할 때는 간단하게 감사 인사 및 자기 소개를 한 후 프레젠테이션의 주제 및 목적을 말한다. 적절하게 제스처를 사용하고 청중과 자연스럽게 눈을 맞추는 등의 행동은 청중에게 좋은 인상을 주는 동시에 발표 내용을 더 효율적으로 전달하는 데도 도움이 될 수 있다.

대화를 듣고 큰 소리로 따라 읽어 보세요.

Tại buổi giới thiệu sản phẩm mới của công ty A-tech

Người dẫn chương trình

Xin chào mừng tất cả các anh chị đã đến buổi giới thiệu sản phẩm mới của công ty A-tech. Xin giới thiệu ông Lee Jae-ho, Giám đốc Bộ phận Kinh doanh.

Jae-ho

Xin chào buổi sáng. Tôi là Lee Jae-ho, giám đốc Bộ phận Kinh doanh của Công ty A-tech. Xin cảm ơn vì đã cho tôi cơ hội thuyết trình hôm nay. Hôm nay, tôi sẽ nói về sản phẩm mới của công ty chúng tôi. Thời gian thuyết trình dự kiến mất khoảng 1 giờ. Xin vui lòng đặt câu hỏi vào cuối giờ.

A-tech의 신제품 발표회에서

사회자   A-tech의 신제품 발표회에 오신 여러분 모두를 환영합니다. 이재호 영업부장을 소개해 드리겠습니다.

재호   좋은 아침입니다. 저는 A-tech 영업부장 이재호입니다. 오늘 이렇게 프레젠테이션을 할 기회를 주셔서 감사합니다. 오늘, 저는 저희 회사의 신제품에 대해 말씀드리려고 합니다. 프레젠테이션은 약 1시간 정도 걸릴 예정입니다. 질문은 마지막에 해 주시기 바랍니다.

어휘 익히기

- **chào mừng** 환영하다
- **tất cả các anh chị** 모든 사람, 여러분
- **giới thiệu** 소개하다
- **giám đốc bộ phận** 부장
- **kinh doanh** 영업, 영업하다
- **cơ hội** 기회

- **thuyết trình** 프레젠테이션
- **sản phẩm** 제품
- **dự kiến** ~할 예정이다
- **mất** (시간) 걸리다
- **khoảng** 약, 대략
- **đặt câu hỏi** 질문을 하다

1 Xin chào mừng tất cả các anh chị đã đến buổi giới thiệu sản phẩm mới.

신제품 발표회에 오신 여러분을 환영합니다.

프레젠테이션의 도입부는 환영 인사 또는 감사 인사로 시작한다. xin은 문장이나 동사 앞에 쓰여 상대방을 높여 주는 말로, 격식을 갖춘 자리에서 환영 인사를 할 때 주로 쓰인다. '~에 오신 여러분을 환영합니다'는 'Xin chào mừng(환영하다) + 목적어 + đến(오다) ~' 형식으로 말한다.

- Xin cảm ơn các anh chị đã đến buổi giới thiệu sản phẩm mới. 신제품 발표회에 와 주셔서 감사합니다.

- Xin chào mừng mọi người đã đến buổi giới thiệu công nghệ mới. 신기술 발표회에 오신 여러분을 환영합니다.

2 Xin cảm ơn vì đã cho tôi cơ hội thuyết trình.

프레젠테이션을 할 기회를 주셔서 감사합니다.

'~할 기회를 주셔서 감사합니다'는 'Xin cảm ơn vì đã cho + 1인칭 대명사 + cơ hội(기회)' 형식으로 말한다. '~할 수 있어서 매우 영광입니다'는 '주어 + rất(아주) + vinh dự(영광이다) + vì(아/어서) + có thể(~할 수 있다)/được(~하게 되다) + 동사' 라고 하면 된다.

- Xin cảm ơn vì đã cho tôi cơ hội giới thiệu sản phẩm. 저희 제품을 소개할 기회를 주셔서 감사합니다.

- Tôi rất vinh dự vì được giới thiệu sản phẩm của chúng tôi. 저희 제품을 소개하게 되어서 영광입니다.

Tôi sẽ nói về sản phẩm mới của công ty chúng tôi.

저희 회사의 신제품에 대해 말씀드리겠습니다.

프레젠테이션의 주제를 말할 때는 '주어 + sẽ/định(~하겠다/하려고 하다) + phát biểu/nói/giới thiệu/thuyết trình(발표하다/말하다/소개하다/프레젠테이션하다) + về + 발표 내용' 또는 'chủ đề phát biểu là ~'(발표의 주제는 ~이다) 형식으로 말한다. 비슷한 표현으로 'Mục đích(목적) của buổi thuyết trình là ~'(프레젠테이션의 목적은 ~이다)라고 말할 수도 있다.

- Mục đích của buổi thuyết trình là giới thiệu về sản phẩm mới. 프레젠테이션의 목적은 신제품에 대해 소개해 드리는 것입니다.

- Hôm nay, tôi định giới thiệu về dịch vụ mới.
  오늘, 저는 신규 서비스에 대해 소개해 드리려고 합니다.

- Chủ đề phát biểu là đặc điểm của thị trường Việt Nam.
  발표의 주제는 베트남 시장의 특징입니다.

실수하기 쉬운 이 표현!

"저희 회사의 신제품에 대해 말씀드리겠습니다."

Tôi sẽ nói sản phẩm mới của công ty chúng tôi. (X)

Tôi sẽ nói về sản phẩm mới của công ty chúng tôi. (O)

về는 '~에 대해'라는 뜻으로, nói(말하다), suy nghĩ(생각하다), thảo luận(토론하다) 등과 같은 동사 뒤에 주로 쓰인다.

1 신제품 발표회에 오신 여러분을 환영합니다.

Xin chào mừng tất cả các anh chị đã đến buổi giới thiệu sản phẩm mới.

씬 자오 믕 떳 까 깍 아잉 지 다 덴 부오이 저이 티에우 산 팜 머이

2 신제품 발표회에 와 주셔서 감사합니다.

Xin cảm ơn các anh chị đã đến buổi giới thiệu sản phẩm mới.

씬 깜 언 깍 아잉 지 다 덴 부오이 저이 티에우 산 팜 머이

3 신기술 발표회에 오신 여러분을 환영합니다.

Xin chào mừng mọi người đã đến buổi giới thiệu công nghệ mới.

씬 자오 믕 머이 응어이 다 다 덴 부오이 저이 티에우 꼼 응에 머이

4 프레젠테이션을 할 기회를 주셔서 감사합니다.

Xin cảm ơn vì đã cho tôi cơ hội thuyết trình.

씬 깜 언 비 다 저 또이 꺼 호이 투엔 징

5 저희 제품을 소개할 기회를 주셔서 감사합니다.

Xin cảm ơn vì đã cho tôi cơ hội giới thiệu sản phẩm.

씬 깜 언 비 다 저 또이 꺼 호이 저이 티에우 산 팜

6 저희 제품을 소개하게 되어서 영광입니다.

Tôi rất vinh dự vì được giới thiệu sản phẩm của chúng tôi.

또이 젓 빈 즈 비 드억 저이 티에우 산 팜 꾸어 줌 또이

---

7 저희 회사의 신제품에 대해 말씀드리겠습니다.

Tôi sẽ nói về sản phẩm mới của công ty chúng tôi.

또이 새 너이 베 산 팜 머이 꾸어 꼼 띠 줌 또이

---

8 프레젠테이션의 목적은 신제품에 대해 소개해 드리는 것입니다.

Mục đích của buổi thuyết trình là giới thiệu sản phẩm mới.

묵 딕 꾸어 부오이 투엣 징 라 저이 티에우 산 팜 머이

---

9 오늘, 저는 신규 서비스에 대해 소개해 드리려고 합니다.

Hôm nay, tôi định giới thiệu về dịch vụ mới.

홈 나이, 또이 딩 저이 티에우 베 직 부 머이

---

10 발표의 주제는 베트남 시장의 특징입니다.

Chủ đề phát biểu là đặc điểm của thị trường Việt Nam.

주 데 팓 비에우 라 닥 디엠 꾸어 티 즈엉 비엗 남

1 미래 도시 개발 설명회에 오신 여러분을 환영합니다.

Xin chào mừng các anh chị đến buổi thuyết trình phát triển thành phố tương lai.

씬 자오 믕 깍 아잉 지 덴 부오이 투옌 징 판 지엔 타잉 포 뜨엉 라이

2 투자 설명회에 오신 여러분을 진심으로 환영합니다.

Xin nhiệt liệt chào mừng các anh chị đến buổi thuyết trình đầu tư.

씬 니엗 리엗 자오 믕 깍 아잉 지 덴 부오이 투옌 징 다우 뜨

3 신제품 설명회에 와 주셔서 진심으로 감사드립니다.

Xin chân thành cảm ơn các anh chị đã đến buổi giải thích sản phẩm mới.

씬 전 타잉 깜 언 깍 아잉 지 다 덴 부오이 쟈이 틱 산 팜 머이

4 신규 서비스를 소개할 기회를 주셔서 감사합니다.

Xin cảm ơn vì đã cho tôi cơ hội giới thiệu dịch vụ mới.

씬 깜 언 비 다 저 또이 꺼 허이 저이 티에우 직 부 머이

5 신규 사업 런칭을 소개할 수 있어서 영광입니다.

Tôi rất vinh dự vì có thể giới thiệu dự án mới.

또이 젇 빙 즈 비 꺼 테 저이 티에우 즈 안 머이

6 신제품을 소개할 수 있어서 영광입니다.

Tôi rất vinh dự vì có thể giới thiệu sản phẩm mới.

또이 젇 빙 즈 비 꺼 테 저이 티에우 산 팜 머이

7 오늘 프레젠테이션의 목적은 한국 유학을 설명하는 것입니다.

Mục đích của buổi thuyết trình hôm nay là giải thích về du học Hàn Quốc.

묵 딕 꾸어 부오이 투웯 징 홈 나이 라 자이 틱 베 주 혹 한 꾸억

8 신기술에 대해 프레젠테이션을 하겠습니다.

Tôi sẽ thuyết trình về kỹ thuật mới.

또이 새 투엔 징 베 끼 투얻 머이

9 고객서비스에 대해 말씀드리겠습니다.

Tôi sẽ nói về dịch vụ khách hàng.

또이 새 너이 베 직 부 카익 항

10 오늘, 발표의 주제는 식품 안전입니다.

Hôm nay, chủ đề phát biểu là an toàn thực phẩm.

홈 나이, 주 데 팓 비우에 라 안 또안 특 팜

프레젠테이션 본론

핵심표현 미리보기

- 본 프레젠테이션은 총 3파트로 구성되어 있습니다.
- 우선, 동영상을 봐 주십시오.
- 다음 파트로 넘어가겠습니다.

언어 예절

한국에서는 대화할 때 상대방에 대한 호칭을 생략해도 문제가 되지 않는데, 베트남에서는 대화 시 상대방에 대한 호칭을 생략해서는 안 된다. 베트남 사람들은 대화 시에 상대방에 대한 호칭을 생략하는 것이 예의에 어긋난다고 생각하기 때문이다. 예를 들어, 한국어로는 '프레젠테이션에 참석해 주셔서 감사합니다'라고 말하지만 베트남어로는 '프레젠테이션에 참석해 주신 여러분 감사합니다' 같은 형식으로 말해야 한다. 즉, 'Xin cảm ơn anh(형·오빠)/chị(누나·언니)/mọi người(여러분) đã đến dự buổi thuyết trình'이라고 해야 한다. 특히 많은 사람들 앞에서 발표할 때 이 점을 더 조심해야 한다. 그리고 청중에게 질문을 할 때는 질문 끝에 경의를 표하는 ạ('~합니까?' 정도의 의미)를 붙이는 게 좋다.

대화를 듣고 큰 소리로 따라 읽어 보세요.

Jae-ho　Bây giờ tôi sẽ bắt đầu thuyết trình. Nội dung thuyết trình của tôi gồm tất cả 3 phần. Phần thứ nhất là giới thiệu về công ty chúng tôi, phần thứ hai là kết quả phân tích thị trường và phần cuối cùng là điểm khác biệt của sản phẩm của chúng tôi. Trước tiên, xin mời mọi người xem video.

(một lát sau)

Jae-ho　Vâng, mọi người thấy video thú vị không ạ? Đó là video tóm tắt về quá trình thành lập và phát triển của công ty chúng tôi. Bây giờ, tôi sẽ chuyển sang phần tiếp theo. Xin mời mọi người xem đồ họa trên màn hình. Đây là kết quả phân tích thị trường của chúng tôi. Tôi sẽ giải thích cụ thể hơn.

재호   이제 프레젠테이션을 시작하겠습니다. 본 프레젠테이션은 총 3파트로 구성되어 있습니다. 첫 번째 파트는 회사 소개, 두 번째 파트는 시장분석 결과, 마지막으로 저희 제품의 차별점입니다. 우선, 동영상을 봐 주십시오.

(잠시 후)

재호   네, 동영상을 잘 보셨나요? 저희 회사의 연혁을 요약한 동영상입니다. 이제, 다음 파트로 넘어가겠습니다. 스크린에 나와 있는 그래프를 봐 주십시오. 시장 분석 결과입니다. 더 자세히 설명해 드리겠습니다.

어휘 익히기

- **bắt đầu** 시작하다
- **phần** 부분, 파트
- **thứ nhất** 첫 번째
- **thứ hai** 두 번째
- **kết quả** 결과
- **phân tích** 분석
- **thị trường** 시장
- **cuối cùng** 마지막

- **điểm khác biệt** 차별점
- **quá trình** 과정
- **thành lập** 창립(하다)
- **phát triển** 발전(하다)
- **đồ họa** 그래프
- **màn hình** 스크린
- **giải thích** 설명하다
- **cụ thể** 구체적으로, 자세히

1   Nội dung thuyết trình gồm tất cả 3 phần.

본 프레젠테이션은 총 3파트로 구성되어 있습니다.

'프레젠테이션은 ○개의 파트로 구성되어 있다'라고 말할 때, '구성되다'라는 동사 gồm을 사용한다. 각 파트를 세부적으로 나열할 때는 'thứ nhất/thứ hai/cuối cùng là ~'(첫 번째/두 번째/마지막은 ~이다)라고 말한다.

- **Nội dung thuyết trình gồm 2 phần.**

  프레젠테이션은 2파트로 구성되어 있습니다.

- **Nội dung thuyết trình gồm 2 phần là chiến lược bán hàng và hậu mãi.** 프레젠테이션은 판매 전략과 AS의 2파트로 구성되어 있습니다.

2   Trước tiên, xin mời mọi người xem video.

우선, 동영상을 봐 주십시오.

프레젠테이션을 할 때 다양한 시각 자료를 이용할 수 있다. 이때 video(동영상), ảnh(그림), biểu đồ(차트), đồ họa(그래프), bảng(표) 등의 단어를 활용하여 말할 수 있다. 이와 함께 nghĩa là(의미하다), thể hiện(나타내다), so sánh(비교하다) 등의 동사를 같이 사용할 수 있다.

- **Trước tiên, xin mời mọi người xem đồ họa này.**

  우선, 이 그래프를 봐 주십시오.

- **Đồ họa này thể hiện xu hướng doanh số theo tháng.**

  이 그래프는 월별 매출 동향을 나타냅니다.

Tôi sẽ chuyển sang phần tiếp theo.

다음 파트로 넘어가겠습니다.

주제를 바꾸고 싶을 때는 'Tôi sẽ chuyển sang + phần/nội dung/chủ đề + tiếp theo'(다음 파트/내용/주제로 넘어가겠습니다)라고 말한다. tiếp theo는 '이어서', '다음으로', '다음의'라는 뜻으로 문장의 맨 앞 또는 명사 뒤에 올 수 있다. 같은 뜻으로 sau đây를 쓸 수 있으며, sau đây는 주로 문장의 맨 앞에 쓴다.

· **Tiếp theo, tôi sẽ nói về kế hoạch hoạt động CSR.**

이어서, CSR 활동 계획에 대해 말씀드리겠습니다.

· **Tiếp theo, tôi sẽ nói về quy trình thanh toán.**

이어서, 지불 절차에 대해 말씀드리겠습니다.

· **Sau đây, tôi sẽ nói về rủi ro đầu tư.**

다음은, 투자 리스크에 대해 말씀드리겠습니다.

실수하기 쉬운 이 표현!

"동영상을 봐 주십시오."

Mọi người mời xem video. (X)
Mời mọi người xem video. (O)

mời는 '초대하다', '초청하다'라는 의미로, 상대방에게 어떤 행동을 권할 때 사용한다. 보통은 문장 맨 앞에 쓰며, 주어가 생략되는 경우에는 동사 앞에 쓴다.

Mời anh xem. (Mời xem.) 보세요.

1

본 프레젠테이션은 총 3파트로 구성되어 있습니다.

Nội dung thuyết trình gồm tất cả 3 phần.

노이 쥼 투엔 징 곰 떧 까 바 펀

2

프레젠테이션은 2파트로 구성되어 있습니다.

Nội dung thuyết trình gồm 2 phần.

노이 쥼 투엔 징 곰 하이 펀

3

프레젠테이션은 판매 전략과 AS의 2파트로 구성되어 있습니다.

Nội dung thuyết trình gồm 2 phần là chiến lược bán hàng và hậu mãi.

노이 쥼 투엔 징 곰 하이 펀 라 지엔 르억 반 항 바 하우 마이

4

우선, 동영상을 봐 주십시오.

Trước tiên, xin mời mọi người xem video.

즈억 띠엔, 씬 머이 머이 응어이 쌤 비디오

5

우선, 이 그래프를 봐 주십시오.

Trước tiên, xin mời mọi người xem đồ họa này.

즈억 띠엔, 씬 머이 머이 응어이 쌤 도 화 나이

6 이 그래프는 월별 매출 동향을 나타냅니다.

Đồ họa này thể hiện xu hướng doanh số theo tháng.

도 화 나이 테 히엔 쑤 흐엉 좌잉 소 태오 탕

---

7 다음 파트로 넘어가겠습니다.

Tôi sẽ chuyển sang phần tiếp theo.

또이 새 주엔 상 편 띠엡 태오

---

8 이어서, CSR 활동 계획에 대해 말씀드리겠습니다.

Tiếp theo, tôi sẽ nói về kế hoạch hoạt động CSR.

띠엡 태오, 또이 새 너이 베 계 화익 홛 동 CSR

---

9 이어서, 지불 절차에 대해 말씀드리겠습니다.

Tiếp theo, tôi sẽ nói về quy trình thanh toán.

띠엡 태오, 또이 새 너이 베 뀌 진 타잉 또안

---

10 다음은, 투자 리스크에 대해 말씀드리겠습니다.

Sau đây, tôi sẽ nói về rủi ro đầu tư.

사우 데이, 또이 새 너이 베 주이 저 다우 뜨

1 프레젠테이션은 총 2파트로 구성되어 있습니다.

Nội dung thuyết trình của tôi gồm tất cả 2 phần.

노이 즁 투엔 징 꾸어 또이 곰 떧 까 하이 펀

2 첫 번째 파트는 입찰 방법입니다.

Phần thứ nhất là phương pháp đấu thầu.

펀 트 녇 라 프엉 팝 다우 타우

3 두 번째 파트는 계약 절차입니다.

Phần thứ hai là quy trình hợp đồng.

펀 트 하이 라 뀌 징 헙 동

4 이 그래프를 봐 주십시오.

Xin mời mọi người xem đồ họa này.

씬 머이 머이 응어이 쌤 도 화 나이

5 이 그래프는 상반기 매출 동향을 나타냅니다.

Đồ họa này thể hiện xu hướng doanh thu nửa đầu năm.

도 화 나이 테 히엔 쑤 흐엉 좌잉 투 느어 다우 남

6 유인물을 참고해 주십시오.

Xin mời mọi người tham khảo tài liệu in.

씬 머이 머이 응어이 탐 카오 다이 리에우 인

7 다음은, 업무 시간 변동에 대해 말씀드리겠습니다.

Sau đây, tôi sẽ nói về việc thay đổi thời gian làm việc.

사우 데이, 또이 새 너이 베 비엑 타이 또이 터이 쟌 람 비엑

8 다음 주제로 넘어가겠습니다.

Tôi sẽ chuyển sang chủ đề tiếp theo.

또이 새 주엔 상 주 데 디엡 태오

9 다음은, 인사 개편 계획에 대해 말씀드리겠습니다.

Sau đây, tôi sẽ nói về kế hoạch tái cơ cấu nhân sự.

사우 데이, 또이 새 너이 베 께 화익 따이 꺼 까우 년 스

10 다음은, 소비 트렌드 경향에 대해 말씀드리겠습니다.

Sau đây, tôi sẽ nói về xu hướng tiêu dùng.

사우 데이, 또이 섀 너이 베 쑤 흐엉 디에우 즁

프레젠테이션 마무리

베트남의 비즈니스 문화

질의응답

베트남 사람들은 대화하는 것을 좋아하지만 친하지 않은 사람들이나 여러 사람들이 모여 있는 장소에서는 수줍음을 많이 타는 편이다. 그래서 워크숍이나 프레젠테이션 같은 행사의 질의응답 시간에 질문을 많이 안 할 수도 있다. 프레젠테이션을 하는 사람은 듣는 사람들이 내용을 잘 이해했는지 확인하기 위해 질문 형식을 섞어가며 말하거나 질의응답 시간 외에도 편하게 개인적으로 질문을 받거나 또는 이메일로 질문을 받으면 좋은 반응을 얻을 수 있다.

대화를 듣고 큰 소리로 따라 읽어 보세요.

Jae-ho

Tóm tắt nội dung đã thuyết trình thì sản phẩm của công ty chúng tôi hiệu quả hơn các sản phẩm khác trên thị trường. Cuối cùng, tôi muốn nhấn mạnh, sản phẩm của công ty chúng tôi vừa rẻ vừa có tính năng vượt trội. Tôi xin kết thúc bài thuyết trình ở đây. Nếu mọi người có câu hỏi, vui lòng đặt câu hỏi bây giờ.

Người nghe A

Khách hàng lâu năm có được giảm giá khi mua sản phẩm không ạ?

Jae-ho

Tất nhiên là có. Chúng tôi sẽ gửi bảng giá đã được giảm đến khách hàng lâu năm. Mọi người có câu hỏi khác không ạ? Nếu không, tôi sẽ kết thúc ở đây. Xin cảm ơn mọi người đã lắng nghe.

재호	지금까지의 내용을 요약하면 저희 회사의 제품은 시장에 나와 있는 다른 제품 보다 더 효율적입니다. 마지막으로, 강조하고 싶은 것은, 저희 회사 제품이 가 격은 저렴하면서 성능은 뛰어나다는 것입니다. 이것으로 프레젠테이션을 마치 겠습니다. 질문이 있으면 해 주십시오.
청중 A	단골 고객이 할인을 받을 수 있습니까?
재호	물론 있습니다. 단골 고객께는 할인된 금액 리스트를 보내 드릴 예정입니다. 다 른 질문 있으십니까? 더 이상 질문이 없으면, 마치겠습니다. 경청해 주셔서 감 사합니다.

어휘 익히기

- hiệu quả 효과, 효율적인
- hơn ~보다 더
- cuối cùng 마지막으로
- nhấn mạnh 강조하다
- rẻ 저렴하다
- vừa ~하면서

- tính năng 성능
- vượt trội 뛰어나다
- kết thúc 마치다
- khách hàng lâu năm 단골 고객
- bảng giá 금액 리스트
- lắng nghe 경청하다

1 Cuối cùng, tôi muốn nhấn mạnh, sản phẩm có tính năng vượt trội.

마지막으로, 강조하고 싶은 것은, 성능이 뛰어나다는 것입니다.

프레젠테이션을 끝내기 전에 강조하고 싶은 내용은 'Cuối cùng, tôi muốn nhấn mạnh, ~'(마지막으로, 강조하고 싶은 것은, ~) 표현을 써서 말할 수 있다. nhấn mạnh은 '강조하다'라는 뜻이다. 'Cuối cùng, điều quan trọng là ~'(끝으로, 중요한 것은 ~이다)와 같이 말할 수도 있다.

- Cuối cùng, tôi muốn nhấn mạnh, thị trường đang biến động mạnh. 마지막으로, 강조하고 싶은 것은, 시장 변동이 심하다는 것입니다.
- Cuối cùng, điều quan trọng là giá cả phải có tính cạnh tranh. 끝으로, 중요한 것은 가격 경쟁력이 있어야 한다는 것입니다.

2 Nếu mọi người có câu hỏi, vui lòng đặt câu hỏi.

질문이 있으면, 해 주십시오.

'질문이 있다면, ~하세요'라는 말은 '만약'이라는 접속사 nếu를 써서 'Nếu + 2인칭 대명사 + có + câu hỏi, vui lòng/hãy + 동사'의 형태로 말할 수 있다. đặt câu hỏi(질문하다), gửi email (이메일을 보내다), gọi điện thoại(전화를 하다) 등 다양한 표현을 사용할 수 있다.

- Nếu anh chị có thắc mắc, vui lòng đặt câu hỏi.
  궁금한 사항이 있으면, 질문하십시오.
- Nếu anh chị có câu hỏi, vui lòng gửi email cho tôi.
  질문이 있으면, 이메일로 보내 주십시오.

3 Xin cảm ơn mọi người đã lắng nghe.

경청해 주셔서 감사합니다.

'감사하다'는 Xin cảm ơn이고, '~해 주셔서 감사합니다'라는 표현은 'Xin cảm ơn + 2인칭 대명사 + đã + 동사' 형태로 말한다. lắng nghe(경청하다), nghe(듣다), dành thời gian(시간을 내 주다) 등 다양한 표현을 넣어 말할 수 있다.

- Xin cảm ơn mọi người đã dành thời gian.

  시간 내 주셔서 감사합니다.

- Xin cảm ơn chị đã dành thời gian đến buổi thuyết trình.

  시간 내어 프레젠테이션에 와 주셔서 감사합니다.

- Xin cảm ơn mọi người đã dành thời gian quý báu đến

  đây. 귀한 시간을 내어 와 주셔서 감사합니다.

"단골 고객이 할인을 받을 수 있습니까?"

Khách hàng lâu năm có được giảm giá khi mua sản phẩm? (X)
Khách hàng lâu năm có được giảm giá khi mua sản phẩm
không? (O)

'주어 + có + 동사/형용사 + không?'은 '예/아니오'를 묻는 의문문의 형식이다. 이때 có는 생략이 가능하지만 không은 생략할 수 없으니 주의하자.

1

마지막으로, 강조하고 싶은 것은, 성능이 뛰어나다는 것입니다.

Cuối cùng, tôi muốn nhấn mạnh, sản phẩm có tính năng vượt trội.

꾸오이 꿈, 또이 무언 년 마잉, 산 팜 꺼 띵 낭 브엇 조이

2

마지막으로, 강조하고 싶은 것은, 시장 변동이 심하다는 것입니다.

Cuối cùng, tôi muốn nhấn mạnh, thị trường đang biến động mạnh.

꾸오이 꿈, 또이 무언 년 마잉, 티 즈엉 당 비엔 돔 마잉

3

끝으로, 중요한 것은 가격 경쟁력이 있어야 한다는 것입니다.

Cuối cùng, điều quan trọng là giá cả phải có tính cạnh tranh.

꾸오이 꿈, 디에우 꽌 쫌 라 쟈 까 파이 꺼 띤 까잉 자잉

4

질문이 있으면, 해 주십시오.

Nếu mọi người có câu hỏi, vui lòng đặt câu hỏi.

네우 머이 응어이 꺼 까우 허이, 부이 롱 닫 까우 허이

5

궁금한 사항이 있으면, 질문하십시오.

Nếu anh chị có thắc mắc, vui lòng đặt câu hỏi.

네우 아잉 지 꺼 탁 막, 부이 롱 닫 까우 허이

6 질문이 있으면, 이메일로 보내 주십시오.

Nếu anh chị có câu hỏi, vui lòng gửi email cho tôi.

네우 아잉 지 꺼 까우 허이, 부이 롱 그이 이메일 저 또이

---

7 경청해 주셔서 감사합니다.

Xin cảm ơn mọi người đã lắng nghe.

씬 깜 언 머이 응어이 다 랑 응애

---

8 시간 내 주셔서 감사합니다.

Xin cảm ơn mọi người đã dành thời gian.

씬 깜 언 머이 응어이 다 쟈잉 터이 쟌

---

9 시간 내어 프레젠테이션에 와 주셔서 감사합니다.

Xin cảm ơn chị đã dành thời gian đến buổi thuyết trình.

씬 깜 언 아잉 지 다 쟈잉 터이 쟌 덴 부오이 투옌 징

10 귀한 시간을 내어 와 주셔서 감사합니다.

Xin cảm ơn mọi người đã dành thời gian quý báu đến đây.

씬 깜 언 머이 응어이 다 쟈잉 터이 쟌 꾸이 바우 덴 더이

1 마지막으로, 강조하고 싶은 것은, 시장분석을 잘 해야 한다는 것입니다.

Cuối cùng, tôi muốn nhấn mạnh, phải phân tích thị trường tốt.

꾸오이 꿈, 또이 무언 년 마잉, 파이 펀 띡 티 즈엉 뜻

2 끝으로, 중요한 것은 소비경향을 잘 파악해야 한다는 것입니다.

Cuối cùng, điều quan trọng là phải nắm rõ xu hướng tiêu dùng.

꾸오이 꿈, 디에우 꽌 쫌 라 파이 남 저 쑤 흐엉 디에우 쭘

3 이것으로 프레젠테이션을 마치겠습니다.

Tôi sẽ kết thúc thuyết trình ở đây.

또이 새 껫 툭 투엔 징 어 데이

4 질문이 있으면, 손을 들어 주십시오.

Nếu mọi người có câu hỏi, vui lòng giơ tay.

네우 머이 응어이 꺼 까우 허이, 부이 롱 져 따이

5 궁금한 사항이 있으면, 편하게 질문하십시오.

Nếu mọi người có thắc mắc, vui lòng hỏi thoải mái.

네우 머이 응어이 꺼 탁 막, 부이 롱 허이 톼이 마이

6 마지막으로, 질문 하나만 더 받겠습니다.

Cuối cùng, tôi sẽ nhận thêm một câu hỏi nữa thôi ạ.

꾸오이 꿈, 또이 새 년 템 못 까우 허이 느어 토이 아

7 질문이 있으면, 언제든지 연락하십시오.

Nếu mọi người có câu hỏi, hãy liên lạc bất kỳ lúc nào.

네우 머이 응어이 꺼 까우 허이, 하이 리엔 락 벋 끼 룩 나오

8 들어 주셔서 감사합니다.

Xin cảm ơn mọi người đã nghe.

씬 깜 언 머이 응어이 다 응애

9 제 발표를 들어 주셔서 감사합니다.

Xin cảm ơn chị đã nghe tôi phát biểu.

씬 깜 언 지 다 응애 또이 팓 비에우

10 참석해 주셔서 감사합니다.

Xin cảm ơn anh đã tham dự.

씬 깜 언 아잉 다 탐 즈

Part 5

출장

공항

핵심표현 미리보기

- 베트남에 출장차 왔습니다.
- 베트남에 10일 동안 머물 것입니다.
- 호치민 1군 킹덤호텔에서 머물 것입니다.

베트남 비자

베트남을 방문할 때, 체류 기간이 15일 미만일 때는 무비자로 입국이 가능하다. 단, 여권 만료일이 입국일을 기준으로 6개월 이상 남아 있어야 한다. 베트남에 무비자로 입국하여 출국한 뒤 다시 입국하려면 출국 후 최소 30일이 지나야 한다. 베트남에 15일 이상 머물려면 비자가 필요하다. 비자를 발급받기 위해서는 베트남 현지 회사나 기관 등에서 받은 초청사와 베트남 출입국 관리사무소에서 발급해 주는 입국허가서가 필요하다. 이 초청서와 입국허가서를 베트남 공항에 도착하여 출입국 관리사무소에 제출하면 그 자리에서 비자를 발급받을 수 있는데, 한국 사람들은 이것을 '도착비자'라고 부른다. 또는 한국에 있는 베트남 대사관에 방문하여 초청서와 입국허가서를 제출하고 비자를 발급받을 수도 있다. 비자는 1회성인 단수비자와 일정 기간 동안 쭉 사용할 수 있는 복수비자가 있는데, 복수비자의 유효기간은 최대 5년이다.

대화를 듣고 큰 소리로 따라 읽어 보세요.

Tại quầy hải quan và kiểm tra an ninh hàng không

Nhân viên hải quan	Chào anh, anh vui lòng cho tôi xem hộ chiếu.
Min-ho	Đây là hộ chiếu của tôi.
Nhân viên hải quan	Anh đến Việt Nam để làm gì?
Min-ho	Tôi đến Việt Nam để công tác.
Nhân viên hải quan	Anh sẽ ở Việt Nam trong bao lâu?
Min-ho	Tôi sẽ ở Việt Nam trong 10 ngày. Đây là vé máy bay khứ hồi của tôi.
Nhân viên hải quan	Anh sẽ ở đâu?
Min-ho	Tôi sẽ ở tại khách sạn Kingdom quận 1 thành phố Hồ Chí Minh. Đây là xác nhận đặt phòng của tôi.
Nhân viên hải quan	Vâng, cảm ơn anh. Mời anh đi vào.

입국심사대에서

담당자	안녕하세요, 여권을 보여주십시오.
민호	여기 제 여권입니다.
담당자	베트남에 어떤 일로 오셨습니까?
민호	출장차 왔습니다.
담당자	베트남에 얼마 동안 머무실 겁니까?
민호	10일 동안 머물 겁니다. 이것은 제 왕복 항공권입니다.
담당자	어디에서 머무실 겁니까?
민호	호치민 1군 킹덤호텔에서 머물 겁니다. 여기는 제 예약확인서입니다.
담당자	네, 감사합니다. 들어가세요.

어휘 익히기

- hộ chiếu 여권
- công tác 출장하다
- trong ~ 동안
- bao lâu 얼마 동안
- vé máy bay 항공권

- khứ hồi 왕복
- tại ~에서
- khách sạn 호텔
- xác nhận đặt phòng 호텔 예약확인서
- đi vào 들어가다

1 Tôi đến Việt Nam để công tác.

베트남에 출장차 왔습니다.

입국 목적을 말할 때 '주어 + đến Việt Nam + để + 동사'(~하기 위해 베트남에 왔습니다) 형식으로 말할 수 있다.

- Tôi đến Việt Nam để gặp khách hàng.

  베트남에 손님을 만나러 왔습니다.

- Tôi đến Việt Nam để tham dự cuộc họp.

  회의에 참석하러 베트남에 왔습니다.

- Tôi đến để tham dự workshop.

  워크숍에 참석하러 왔습니다.

2 Tôi sẽ ở Việt Nam trong 10 ngày.

베트남에 10일 동안 머물 것입니다.

체류 기간을 말할 때는 '머물다'라는 뜻의 동사 ở와 '~ 동안'이라는 뜻의 전치사 trong 을 써서 '주어 + sẽ ở Việt Nam + trong + 기간'(~ 동안 베트남에 머물 것입니다) 형식으로 말한다.

- Tôi sẽ ở Việt Nam trong 5 ngày.

  베트남에 5일 동안 머물 것입니다.

- Tôi sẽ ở Việt Nam chỉ trong 3 ngày.

  베트남에 3일 동안만 머물 것입니다.

3 Tôi sẽ ở tại khách sạn Kingdom quận 1 thành phố Hồ Chí Minh.

호치민 1군 킹덤호텔에서 머물 것입니다.

체류 장소를 말할 때는 '~에서'라는 뜻의 전치사 tại를 써서 '주어 + sẽ ở + tại + 장소' 형식으로 말할 수 있다.

- Tôi sẽ ở tại ký túc xá của công ty.

  회사 기숙사에서 머물 것입니다.

- Tôi sẽ ở tại khách sạn ở quận Ba Đình.

  바딘군에 있는 호텔에서 머물 것입니다.

"이것은 제 여권입니다."

Ở đây là hộ chiếu của tôi. (X)

Đây là hộ chiếu của tôi. (O)

đây는 '여기', '이것'이라는 뜻의 대명사로, '여기/이것은/이 사람은 ~입니다'라는 표현은 'Đây là ~'라고 한다. ở đây는 '여기에'라는 뜻의 부사이다.

1 베트남에 출장차 왔습니다.

Tôi đến Việt Nam để công tác.

또이 덴 비엔 남 데 꼼 딱

---

2 베트남에 손님을 만나러 왔습니다.

Tôi đến Việt Nam để gặp khách hàng.

또이 덴 비엔 남 데 갑 카익 항

---

3 회의에 참석하러 베트남에 왔습니다.

Tôi đến Việt Nam để tham dự cuộc họp.

또이 덴 비엔 남 데 탐 즈 꾸억 헙

---

4 워크숍에 참석하러 왔습니다.

Tôi đến để tham dự workshop.

또이 덴 데 탐 즈 워크샵

---

5 베트남에 10일 동안 머물 것입니다.

Tôi sẽ ở Việt Nam trong 10 ngày.

또이 새 어 비엔 남 좀 므어이 응아이

6 베트남에 5일 동안 머물 것입니다.

Tôi sẽ ở Việt Nam trong 5 ngày.

또이 새 어 비엣 남 좀 남 응아이

---

7 베트남에 3일 동안만 머물 것입니다.

Tôi sẽ ở Việt Nam chỉ trong 3 ngày.

또이 새 어 비엣 남 지 좀 바 응아이

---

8 호치민 1군 킹덤호텔에서 머물 것입니다.

Tôi sẽ ở tại khách sạn Kingdom quận 1 thành phố
Hồ Chí Minh.

또이 새 어 따이 카익 산 킹돔 꾸언 못 탄 포 호 치 밍

---

9 회사 기숙사에서 머물 것입니다.

Tôi sẽ ở tại ký túc xá của công ty.

또이 새 어 따이 끼 둑 싸 꾸어 꼼 띠

---

10 바딘군에 있는 호텔에서 머물 것입니다.

Tôi sẽ ở tại khách sạn ở quận Ba Đình.

또이 새 어 따이 카익 산 어 꾸언 바 딩

1 베트남에 계약을 체결하러 왔습니다.

Tôi đến Việt Nam để ký hợp đồng.

또이 덴 비엣 남 데 끼 헙 돔

2 베트남에 시장조사를 하러 왔습니다.

Tôi đến Việt Nam để điều tra thị trường.

또이 덴 비엣 남 데 디에우 자 티 즈엉

3 본사를 방문하러 왔습니다.

Tôi đến để thăm công ty mẹ.

또이 덴 데 탐 꼼 띠 매

4 베트남에 2주 동안 머물 것입니다.

Tôi sẽ ở Việt Nam trong 2 tuần.

또이 새 어 비엣 남 좀 하이 뚜언

5 베트남에 다음 달 10일까지 머물 예정입니다.

Tôi định sẽ ở Việt Nam đến ngày 10 tháng sau.

또이 딩 새 어 비엣 남 덴 응아이 므어이 탕 사우

6 오늘 저녁에 바로 돌아갈 예정입니다.

Tôi định sẽ về ngay tối nay.

또이 딘 새 베 응아이 또이 나이

---

7 9월 3일까지 머물 것입니다.

Tôi sẽ ở đến ngày 3 tháng 9.

또이 새 어 덴 응아이 바 탕 진

---

8 회사 주변에 있는 게스트하우스에서 머물 것입니다.

Tôi sẽ ở tại nhà khách gần công ty.

또이 새 어 따이 냐 카익 건 꼼 띠

---

9 Từ Liêm군에 있는 호텔에서 머물 것입니다.

Tôi sẽ ở tại khách sạn ở quận Từ Liêm.

또이 새 어 따이 카익 산 어 꾸언 뜨 리엠

---

10 회사 숙소에서 머물 것입니다.

Tôi sẽ ở tại nhà của công ty.

또이 새 어 따이 냐 꾸어 꼼띠

17

호텔

- 박민호라는 이름으로 방을 예약했습니다.
- 고층의 방을 주실 수 있습니까?
- 조식 시간은 언제입니까?

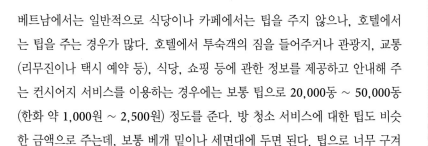

\ 베트남의 **비즈니스 문화**

베트남의 팁 문화

베트남에서는 일반적으로 식당이나 카페에서는 팁을 주지 않으나, 호텔에서는 팁을 주는 경우가 많다. 호텔에서 투숙객의 짐을 들어주거나 관광지, 교통 (리무진이나 택시 예약 등), 식당, 쇼핑 등에 관한 정보를 제공하고 안내해 주는 컨시어지 서비스를 이용하는 경우에는 보통 팁으로 20,000동 ~ 50,000동 (한화 약 1,000원 ~ 2,500원) 정도를 준다. 방 청소 서비스에 대한 팁도 비슷한 금액으로 주는데, 보통 베개 밑이나 세면대에 두면 된다. 팁으로 너무 구겨진 지폐를 사용하는 것은 피하는 것이 좋다.

대화를 듣고 큰 소리로 따라 읽어 보세요.

Tại khách sạn Kingdom

Min-ho	Chào chị, tôi muốn nhận phòng. Tôi đã đặt phòng bằng tên Park Min-ho.
Nhân viên	Anh chờ một chút, em sẽ kiểm tra ạ. Anh đã đặt một phòng tiêu chuẩn, từ ngày 1/12 đến ngày 5/12, phải không ạ? Anh vui lòng cho em mượn hộ chiếu ạ.
Min-ho	Đây là hộ chiếu của tôi. Có thể cho tôi phòng ở tầng cao không?
Nhân viên	Tầng 20 được không ạ?
Min-ho	Vâng, tốt quá.
Nhân viên	Phòng của anh số 2001 ạ.
Min-ho	Thời gian ăn sáng là khi nào?
Nhân viên	Từ 6 giờ 30 đến 8 giờ sáng ạ.
Min-ho	Tôi biết rồi. Cảm ơn chị nhé.

킹덤호텔에서

민호	안녕하세요, 체크인을 하려고 합니다. 박민호라는 이름으로 방을 예약했습니다.
직원	잠시만 기다려 주십시오, 확인해 보겠습니다.
	12월 1일부터 12월 5일까지 스탠다드 룸 하나를 예약하셨네요? 여권을 주십시오.
민호	여기 여권입니다. 고층의 방을 주실 수 있습니까?
직원	20층 괜찮으십니까?
민호	네, 좋습니다.
직원	고객님의 방은 2001호실입니다.
민호	조식 시간은 언제입니까?
직원	아침 6시 30분부터 8시까지입니다.
민호	알겠습니다. 감사합니다.

어휘 익히기

- nhận phòng 입실하다, 체크인하다
- đặt 예약하다
- phòng 방
- bằng ~로(수단, 방법)

- tiêu chuẩn 스탠다드
- mượn 빌리다
- tầng cao 고층
- ăn sáng 조식(하다)

1 Tôi đã đặt phòng bằng tên Park Min-ho.

박민호라는 이름으로 방을 예약했습니다.

'○○ 이름으로'는 'bằng tên ○○'라고 한다. '○○ 이름으로 ~을 예약했다'는 '예약하다'라는 동사 đặt을 써서 '주어 + đã đặt + 목적어 + bằng tên ○○' 형식으로 말한다.

- Tôi đã đặt một phòng đôi bằng tên Kim Han-na.

  김한나라는 이름으로 더블 룸 하나를 예약했습니다.

- Tôi đã đặt hai phòng đơn bằng tên Linh.

  린이라는 이름으로 싱글 룸 두 개를 예약했습니다.

2 Có thể cho tôi phòng ở tầng cao không?

고층의 방을 주실 수 있습니까?

요청 사항을 말할 때는 '할 수 있다'라는 뜻의 có thể를 사용하여 'Có thể cho tôi + 명사 + không?'(저에게 ~를 주실 수 있습니까?)라고 하거나 'Có thể + 동사 (+ 목적어) + cho tôi + không?'(저에게 ~해 주실 수 있습니까?)라고 말한다.

- Có thể gọi tắc xi cho tôi không?

  택시를 불러 주실 수 있습니까?

- Có thể mang thêm khăn tắm cho tôi không?

  타월을 더 갖다 주실 수 있습니까?

Thời gian ăn sáng là khi nào?

조식 시간은 언제입니까?

호텔 일정 또는 호텔 부대시설 이용 시간을 물을 때 '명사 + là khi nào?'(~은 언제입
니까?) 또는 'Có thể + 동사 + từ mấy giờ đến mấy giờ?'(몇 시부터 몇 시까지 ~
할 수 있습니까?) 등의 표현을 쓸 수 있다.

- Có thể sử dụng bể bơi từ mấy giờ đến mấy giờ?

  몇 시부터 몇 시까지 수영장을 이용할 수 있습니까?

- Có thể ăn sáng từ mấy giờ đến mấy giờ?

  몇 시부터 몇 시까지 아침 식사를 할 수 있습니까?

- Phòng xông hơi mở cửa từ mấy giờ?

  사우나는 몇 시부터 합니까?

실수하기 쉬운 이 표현!

"여권을 주십시오."

Anh vui lòng cho em vay hộ chiếu ạ. (X)
Anh vui lòng cho em mượn hộ chiếu ạ. (O)

mượn과 vay는 둘 다 '빌리다'라는 뜻이지만, mượn은 '(물건을) 빌리다', vay는 '(돈
을) 빌리다'라는 뜻으로 차이가 있다.

1 박민호라는 이름으로 방을 예약했습니다.

Tôi đã đặt phòng bằng tên Park Min-ho.

또이 다 닫 폼 방 뗀 박민호

---

2 김한나라는 이름으로 더블 룸 하나를 예약했습니다.

Tôi đã đặt một phòng đôi bằng tên Kim Han-na.

또이 다 닫 몯 폼 도이 방 뗀 김한나

---

3 린이라는 이름으로 싱글 룸 두 개를 예약했습니다.

Tôi đã đặt hai phòng đơn bằng tên Linh.

또이 다 닫 하이 폼 던 방 뗀 린

---

4 고층의 방을 주실 수 있습니까?

Có thể cho tôi phòng ở tầng cao không?

꺼 테 저 또이 폼 어 떵 까오 콤

---

5 택시를 불러 주실 수 있습니까?

Có thể gọi tắc xi cho tôi không?

꺼 테 거이 딱 씨 저 또이 콤

6 타월을 더 갖다 주실 수 있습니까?

Có thể mang thêm khăn tắm cho tôi không?

꺼 테 망 템 칸 땀 저 또이 콤

---

7 조식 시간은 언제입니까?

Thời gian ăn sáng là khi nào?

터이 쟌 안 상 라 키 나오

---

8 몇 시부터 몇 시까지 수영장을 이용할 수 있습니까?

Có thể sử dụng bể bơi từ mấy giờ đến mấy giờ?

꺼 테 스 즁 베 버이 뜨 머이 져 덴 머이 져

---

9 몇 시부터 몇 시까지 아침 식사를 할 수 있습니까?

Có thể ăn sáng từ mấy giờ đến mấy giờ?

꺼 테 안 상 뜨 머이 져 덴 머이 져

---

10 사우나는 몇 시부터 합니까?

Phòng xông hơi mở cửa từ mấy giờ?

퐁 쏨 허이 머 끄어 뜨 머이 져

---

1 A라는 이름으로 호텔 웹사이트를 통해 방을 예약했습니다.

Tôi đã đặt phòng thông qua trang web của khách sạn bằng tên A.

또이 다 닫 폼 통 꾸아 장 웹 꾸어 카익 산 방 뗀 A

2 A라는 이름으로 스위트 룸 2개를 예약했습니다.

Tôi đã đặt hai phòng suite bằng tên A.

또이 다 닫 하이 폼 스위트 방 뗀 A

3 A라는 이름으로 금연실로 예약했습니다.

Tôi đã đặt phòng không hút thuốc bằng tên A.

또이 다 닫 폼 콤 훗 투억 방 뗀 A

4 룸 서비스를 이용할 수 있습니까?

Có thể phục vụ thức ăn tại phòng không?

꺼 테 푹 부 특 안 따이 폼 콤

5 방을 바꿔 주실 수 있습니까?

Có thể đổi phòng cho tôi không?

꺼 테 도이 폼 저 또이 콤

6 짐을 맡길 수 있습니까?

Có thể giữ hành lý cho tôi không?

꺼 테 즈 하잉 리 저 또이 콤

7 내일 아침 6시에 모닝콜을 해 주실 수 있습니까?

Có thể gọi tôi dậy lúc 6 giờ sáng mai không?

꺼 테 거이 또이 제이 룩 사우 져 상 마이 콤

8 헬스장은 몇 시부터 몇 시까지 이용할 수 있습니까?

Có thể sử dụng phòng thể dục từ mấy giờ đến mấy giờ?

꺼 테 스 즁 퐁 테 죽 뜨 머이 져 덴 머이 져

9 체크아웃 시간은 언제입니까?

Thời gian trả phòng là khi nào?

터이 쟌 자 퐁 라 키 나오

10 호텔 식당은 몇 시부터 몇 시까지입니까?

Nhà hàng của khách sạn mở cửa từ mấy giờ đến mấy giờ?

냐 항 꾸어 카익 산 머 끄어 뜨 머이 져 덴 머이 져

택시

핵심표현 미리보기

- 벤탄시장으로 가 주세요.
- 여기서 벤탄시장까지 얼마나 걸려요?
- 요금은 얼마예요?

베트남의 택시

베트남에는 많은 택시 회사가 있다. 그 중에 비나선(Vinasun)과 마일린(Mai Linh)은 가장 유명하고 안전하여 베트남 사람들과 외국인 관광객들이 모두 많이 이용한다. 베트남에는 우버와 같은 차량 공유 서비스인 그랩(Grab) 택시가 있다. 그랩은 일반 택시보다 가격이 저렴하고 이용이 편리하여, 내국인뿐 아니라 관광객들에게도 인기가 많다. 택시 요금은 회사마다 다른데, 마일린은 기본 요금 5,000동(300m)에서 1km 마다 약 20,000동씩 올라가고, 비나선은 기본 요금 11,000동(500m)에서 1km 마다 약 15,000동씩 올라간다. 택시 요금은 기본적으로 미터기로 계산하는데, 멀리 가거나 왕복으로 가는 경우에는 운전기사와 가격을 흥정할 수 있다. 베트남의 택시 요금은 차량의 크기에 따라서도 달라서 차체가 클수록 비싸다.

대화를 듣고 큰 소리로 따라 읽어 보세요.

Trong taxi

Min-ho	Chào anh, anh đi đến chợ Bến Thành nhé.
Tài xế tắc xi	Vâng.
Min-ho	Từ đây đến chợ Bến Thành mất bao lâu?
Tài xế tắc xi	Nếu không tắc đường thì chỉ mất khoảng 10 phút thôi.
Min-ho	Vâng, tôi biết rồi.
Tài xế tắc xi	Đến rồi. Vì tắc đường nên mất nhiều thời gian hơn một chút.
Min-ho	Không sao. Tiền cước là bao nhiêu, anh?
Tài xế tắc xi	40,000 đồng.
Min-ho	Đây ạ. Cảm ơn anh.

택시 안에서

민호 안녕하세요, 벤탄시장으로 가 주세요.

택시 운전사 네.

민호 여기서 베탄시장까지는 얼마나 걸리나요?

택시 운전사 차가 안 막히면 10분 정도밖에 안 걸립니다.

민호 네, 알겠습니다.

택시 운전사 다 왔습니다. 차가 막혀서 시간이 조금 더 걸렸네요.

민호 괜찮습니다. 요금은 얼마예요?

택시 운전사 4만 동입니다.

민호 여기 있습니다. 고맙습니다.

어휘 익히기

- chợ 시장
- từ A đến B A부터 B까지
- mất (시간이) 걸리다
- tắc đường 길이 막히다
- chỉ ~ thôi 단지 ~뿐
- tiền cước 요금

1 Anh đi đến chợ Bến Thành nhé.

벤탄시장으로 가 주세요.

'~로 가 주세요'는 '주어 + đi đến + 목적지 + nhé'로 말한다. nhé는 제안이나 가벼운 명령을 할 때 문장 끝에 붙인다.

- **Anh đi đến khách sạn New World nhé.**

  뉴월드호텔로 가 주세요.

- **Anh đi đến sân bay Tân Sơn Nhất, ga quốc tế nhé.**

  떤선녓공항 국제선 터미널로 가 주세요.

- **Anh đi đến Bưu điện Trung tâm Thành phố nhé.**

  중앙우체국으로 가 주세요.

2 Từ đây đến chợ Bến Thành mất bao lâu?

여기서 벤탄시장까지 얼마나 걸려요?

'A에서 B까지 얼마나 걸려요?'는 'Từ A đến B mất bao lâu?'라고 말한다. mất bao lâu 대신에 đi thế nào(어떻게 가요), gần không(가까워요), xa không(멀어요) 등을 넣어 다양하게 말할 수 있다.

- **Từ sân bay đến khách sạn mất bao lâu?**

  공항에서 호텔까지 얼마나 걸려요?

- **Từ đây đến sân bay mất bao lâu?**

  여기서 공항까지 얼마나 걸려요?

3   Tiền cước là bao nhiêu?

요금은 얼마예요?

'~는 얼마예요?'는 '얼마'라는 뜻의 bao nhiêu를 써서 '명사 + là bao nhiêu?'라고 말한다. 가격을 흥정해야 할 때 '(금액)에 가 주세요'는 'Đi với giá ~ nhé', '(금액)은 비싸다'는 '(금액) đắt quá'라고 말한다.

- Giá cước cơ bản là bao nhiêu?

  기본요금은 얼마예요?

- Giá cước đến khách sạn Kingdom là bao nhiêu?

  킹덤호텔까지 요금은 얼마예요?

"여기서 벤탄시장까지 얼마나 걸려요?"

Từ đây đến chợ Bến Thành mất bao xa? (X)
Từ đây đến chợ Bến Thành mất bao lâu? (O)

bao xa는 '(거리가) 얼마나 먼'이라는 뜻의 의문사이고, bao lâu는 '(시간이) 얼마나', '얼마 동안'이라는 뜻의 의문사이다. '(시간이) 걸리다'라는 뜻의 mất 뒤에는 bao lâu를 써야 한다.

Từ sân bay đến khách sạn bao xa? 공항에서 호텔까지는 얼마나 먼가요?

하루 10분 큰 소리로 말해 보세요.

1 벤탄시장으로 가 주세요.

Anh đi đến chợ Bến Thành nhé.

아잉 디 덴 저 벤 타잉 내

2 뉴월드호텔로 가 주세요.

Anh đi đến khách sạn New World nhé.

아잉 디 덴 카익 산 뉴 월드 내

3 떤선녓공항 국제선 터미널로 가 주세요.

Anh đi đến sân bay Tân Sơn Nhất, ga quốc tế nhé.

아잉 디 덴 선 바이 딴 선 녇, 가 꾸억 떼 내

4 중앙우체국으로 가 주세요.

Anh đi đến Bưu điện Trung tâm Thành phố nhé.

아잉 디 덴 부 디엔 중 떰 타잉 포 내

5 여기서 벤탄시장까지 얼마나 걸려요?

Từ đây đến chợ Bến Thành mất bao lâu?

뜨 데이 덴 저 벤 타잉 멀 바오 라우

6

공항에서 호텔까지 얼마나 걸려요?

Từ sân bay đến khách sạn mất bao lâu?

뜨 선 바이 덴 카익 산 멀 바오 라우

7

여기서 공항까지 얼마나 걸려요?

Từ đây đến sân bay mất bao lâu?

뜨 데이 덴 선 바이 멀 바오 라우

8

요금은 얼마예요?

Tiền cước là bao nhiêu?

띠엔 끄억 라 바오 니에우

9

기본요금은 얼마예요?

Giá cước cơ bản là bao nhiêu?

쟈 끄억 꺼 반 라 바오 니에우

10

킹덤호텔까지 요금은 얼마예요?

Giá cước đến khách sạn Kingdom là bao nhiêu?

쟈 끄억 덴 카익 산 킹덤 라 바오 니에우

1 노이바이공항 국내선 터미널로 가 주세요.

Anh đi đến sân bay Nội Bài, ga quốc nội nhé.

아잉 디 덴 선 바이 노이 바이, 가 꾸억 노이 냬

2 이 주소로 가 주세요.

Anh đi đến địa chỉ này nhé.

아잉 디 덴 디어 지 나이 냬

3 A빌딩으로 가 주세요.

Anh đi đến tòa nhà A nhé.

아잉 디 덴 또아 냐 A 냬

4 응웬 후에 거리로 가 주세요.

Anh đi đến đường Nguyễn Huệ nhé.

아잉 디 덴 드엉 응웬 후에 냬

5 공항에서 A빌딩까지 얼마나 걸려요?

Từ sân bay đến tòa nhà A mất bao lâu?

뜨 션 바이 덴 또아 냐 A 먿 바오 라우

6 여기서 킹덤호텔까지 얼마나 걸려요?

Từ đây đến khách sạn Kingdom mất bao lâu?

뜨 데이 덴 카익 산 킹덤 먿 바오 라우

7 여기서 공항까지 먼가요?

Từ đây đến khách sạn xa không?

뜨 데이 덴 카익 산 싸 콤

8 왕복표는 얼마예요?

Vé hai chiều là bao nhiêu?

배 하이 지에우 라 바오 니에우

9 10만 동은 너무 비싸요.

Một trăm nghìn đồng đắt quá.

못 잠 응인 동 닫 꾸아

10 8만 동으로 가 주세요.

Đi với giá 80,000 đồng nhé.

디 버이 쟈 땀 므어이 응인 동 냬

부록

① 이메일 쓰기

② 비즈니스 어휘

③ 베트남의 관광지

① 이메일 쓰기

Người nhận: hoang2019@gmail.com

① **Chủ đề : Yêu cầu gửi báo giá**

② **Xin chào Anh Hoàng.**

Tôi là Mai, nhân viên của Bộ phận Quản lý An toàn và Chất lượng, Công ty xây dựng Daehan. Tôi đã nhận địa chỉ email của anh thông qua phòng Hợp đồng.

Tôi viết email cho anh để hỏi giá của các thiết bị bảo hộ lao động. Hiện tại công ty chúng tôi cần khoảng 1.000 mũ bảo hộ hiệu BBB. Anh có thể báo giá sản phẩm cho tôi trong tuần này được không?

Có gì thắc mắc, anh vui lòng liên hệ tôi qua số điện thoại của tôi 0903-123-123 hoặc email nhé.

Cảm ơn anh.

③ Nguyễn Hoàng Mai (Ms.)

Bộ phận Quản lý An toàn và Chất lượng Công ty Xây dựng Daehan

Tầng 5 tòa nhà D, số 14 đường Lê Duẩn, Quận 1, thành phố Hồ Chí Minh

Phone: 0903-123-123

Email: mai@gmail.com

수신 : hoang2019@gmail.com

① 제목 : 견적서 발송 요청

② 황 씨 안녕하세요.

저는 대한건설 품질안전관리부의 마이입니다. 저희 회사 계약팀으로부터 이메일 주소를 전달받았습니다.

안전보호구의 가격을 문의하려고 이메일을 드립니다. 현재 저희 회사는 약 1,000개의 **BBB** 안전모가 필요합니다. 이번 주 내에 가격 견적을 내 주실 수 있나요?

궁금한 사항이 있으시면, 제 전화번호 0903-123-123으로 연락하시거나 이메일로 연락을 주십시오.

감사합니다.

③ 응웬 호앙 마이
대한건설 품질안전관리부
호치민시 1군 레주언로 14, D빌딩 5층
전화: 0903-123-123
이메일: mai@gmail.com

① 제목

제목에 thông báo(공지), quan trọng(중요), khẩn cấp(긴급) 등을 표시하여 메일의 성격이나 중요도를 나타낼 수 있다.

제목 샘플

Đơn đặt hàng số 123 주문번호 123

Hỏi báo giá sản phẩm 제품 견적 문의

Chia sẻ thông tin tiến hành 진행 상황 공유

Sắp xếp nội dung cuộc họp 회의내용 정리

Hướng dẫn workshop 워크숍 안내

Về cuộc họp ngày 2/10 10월 2일 미팅

② 본문

● 호칭

베트남 사람에게 이메일을 쓸 때, 상대방의 성별을 몰라서 호칭에 어려움을 겪을 때가 있다. 베트남 사람들의 이름은 보통 '성-가운데 이름-이름'으로 구성되어 있다. 이때 성과 가운데 이름 사이에 성별을 나타내는 단어를 넣기도 하는데, 남자는 보통 'Văn', 여자는 'Thị'를 넣는다. 그래서 이름만으로도 성별을 구별할 수 있기 때문에 이메일을 쓸 때 2인칭 대명사(anh/chị/ông/bà/em 등)를 정하는 데 도움이 된다. 명함 뒤에 Ms./Mrs./Mr.를 표시하기도 하니, 이를 참고해도 된다.

이메일을 보낼 때는 상대방의 풀네임을 부르지 않고 '2인칭 대명사 + 이름'으로만 부르는 것이 자연스럽다.

● 내용

– 메일을 보내는 이유 말하기

Tôi viết email để yêu cầu báo giá giao hàng.
납품 견적서를 요청드리려고 이메일을 드립니다.

Tôi viết email để đặt hàng.
물건을 주문하려고 이메일을 드립니다.

Tôi viết email để hỏi về dịch vụ đào tạo của công ty chị.
귀사의 연수 서비스 건에 대해 문의하려고 이메일을 드립니다.

Tôi viết email để yêu cầu hồ sơ năng lực của quý công ty.
귀사의 포트폴리오를 요청하려고 이메일을 드립니다.

– 답장하는 경우

Tôi đã nhận được email của anh. 이메일을 잘 받았습니다.

Cảm ơn anh đã gửi email cho tôi. 이메일 감사합니다.

Cảm ơn anh đã phản hồi email nhanh chóng.
빠른 답장을 주셔서 감사합니다.

Email này nhằm xác nhận chúng tôi đã nhận được đơn đặt hàng của anh.
이 이메일은 귀하의 주문을 받았음을 확인하는 메일입니다.

– 첨부 파일이 있는 경우

Xin vui lòng xem file đính kèm.
첨부 파일을 봐 주십시오.

File đính kèm là hồ sơ năng lực của công ty chúng tôi.
첨부 파일은 저희 회사의 포트폴리오입니다.

Tôi đính kèm bảng giá sản phẩm.
제품 가격표를 첨부합니다.

Chúng tôi đặt hàng như file đính kèm.

첨부 파일과 같이 발주합니다.

Nếu file đính kèm không mở được, vui lòng liên hệ tôi.

첨부 파일이 안 열린다면 연락 주십시오.

참조하기

Nội dung chi tiết như sau.

세부 사항은 다음과 같습니다.

Vui lòng tham khảo đường link bên dưới.

아래의 링크를 참조하십시오.

Vui lòng tham khảo trang web của chúng tôi.

저희 웹 사이트를 참조하십시오.

Vui lòng tham khảo tài liệu tôi đã gửi trước đây.

전에 보내 드렸던 자료를 참조하십시오.

Vui lòng tham khảo nội dung email tôi gửi trước đây.

전에 보내 드린 이메일 내용을 참조해 주십시오.

전달하기

Tôi sẽ chuyển tiếp email này đến phòng chăm sóc khách hàng.

이 이메일을 고객서비스팀에 전달하겠습니다.

Tôi sẽ chuyển tiếp email của anh đến bộ phận phụ trách.

귀하의 이메일은 담당 부서에 전달하겠습니다.

Tôi sẽ chuyển tiếp email này đến người phụ trách.

이 이메일을 담당자에게 전달하겠습니다.

Tôi sẽ chuyển email của anh đến trưởng phòng của tôi.

귀하의 이메일을 저희 팀장님께 전달하겠습니다.

Anh có thể gửi file đó qua email cho tôi không?

그 파일을 메일로 보내 주실 수 있습니까?

Xin vui lòng gửi cho tôi hồ sơ năng lực của công ty anh.

귀사의 포트폴리오를 보내 주십시오.

Anh có thể gửi cho tôi báo giá sản phẩm không?

제품 견적서를 보내 주실 수 있습니까?

Anh có thể trả lời chúng tôi trước ngày 1/12 không?

12월 1일까지 회신해 주실 수 있습니까?

Anh có thể gửi cho tôi bằng file word được không?

워드 파일로 보내 주실 수 있습니까?

― 맺음말

Nếu anh có thắc mắc, vui lòng liên hệ em.

궁금한 사항이 있으시면 연락 주십시오.

Nếu chị cần tài liệu, hãy liên lạc với tôi nhé.

자료가 필요하시면 연락 주십시오.

Xin vui lòng xem xét. 검토 부탁드립니다.

Tôi sẽ rất cảm ơn nếu chị xem xét giúp tôi.

검토해 주시면 감사하겠습니다.

Tôi sẽ chờ phản hồi của chị. 답장을 기다리겠습니다.

③ 서명

이메일 아래에는 성명, 부서명(회사명), 회사 주소, 개인 직통번호나 휴대폰 번호, 이메일 주소 등의 순서로 서명을 남긴다.

❷ 비즈니스 어휘

■ 회사 유형

doanh nghiệp nhà nước	국영기업
công ty tư nhân	민영기업
tập đoàn	그룹(큰 규모의 기업)
công ty cổ phần	주식회사
công ty trách nhiệm hữu hạn	유한책임회사
công ty trách nhiệm hữu hạn 1 thành viên	1인 유한책임회사
công ty liên doanh	합자회사
công ty mẹ	지주회사
công ty con	자회사
công ty liên kết	계열사
công ty xây dựng	건설회사
công ty thương mại/công ty mậu dịch	무역회사
công ty thực phẩm	식품회사
công ty điện tử	전자회사
công ty tài chính	금융회사
công ty chứng khoán	증권사
ngân hàng	은행
công ty giáo dục	교육회사
công ty vận tải	운송회사
công ty dược phẩm	제약회사
công ty logistics	물류회사
công ty may mặc	봉제회사
công ty mỹ phẩm	화장품회사
công ty bảo hiểm	보험사
công ty giải trí	연예기획사
công ty bất động sản/văn phòng bất động sản	부동산중개소

ban/bộ phận	부서
phòng	과, 팀
phòng nhân sự	인사팀
phòng hành chính tổng hợp	총무팀
phòng kinh doanh	영업팀
phòng sản xuất	생산팀
phòng quan hệ công chúng	홍보팀
phòng kế toán	회계팀
phòng pháp lý	법무팀
phòng thanh tra nội bộ	내부감사팀
phòng tài vụ/tài chính	재무팀
phòng nghiên cứu phát triển sản phẩm	연구개발팀
phòng thu mua	구매팀
phòng logistics	물류팀
phòng đào tạo	인력개발팀
phòng chăm sóc khách hàng	고객서비스팀
phòng hợp đồng	계약팀
thư ký	비서

■ 직위/직책

chủ tịch	회장
phó chủ tịch	부회장
giám đốc	사장
phó giám đốc	부사장
tổng giám đốc/chủ tịch hội đồng quản trị	대표이사
phó tổng giám đốc điều hành	전무
giám đốc/thành viên ban giám đốc	상무

giám đốc	이사
tổng quản lý/trưởng ban	부장
phó tổng quản lý/phó trưởng ban	차장
giám đốc bộ phận	본부장
trưởng phòng/quản lý	과장, 팀장
trợ lý	대리
nhân viên	사원

■ 휴가/휴직

nghỉ phép có lương	유급휴가
nghỉ phép không lương	무급휴가
nghỉ phép năm	연차휴가
nghỉ cưới	결혼휴가
nghỉ thai sản	출산휴가
nghỉ nuôi con	육아휴직
nghỉ tang chế	장례휴가
nghỉ ngày hành kinh	생리휴가
nghỉ bệnh	병가

■ 베트남 공휴일

Tết Dương lịch (양력 1월 1일)	신정
Tết/Tết Âm lịch (음력 1월 1일)	구정
Giỗ tổ Hùng Vương (음력 3월 10일)	베트남 건국시조 기일
Ngày Giải phóng miền Nam (양력 4월 30일)	남부해방기념일
Ngày Quốc tế Lao động (양력 5월 1일)	국제 노동절
Ngày Quốc khánh (양력 9월 2일)	국경일

điện thoại bàn/điện thoại cố định	유선전화기
máy photocopy	복사기
máy fax	팩스기
máy in	프린터
máy in màu	컬러 프린터
in	인쇄하다
scan	스캔하다
bơm mực	토너를 충전하다
photo/photocopy	복사하다
gửi fax	팩스를 보내다
thay mực	토너를 교체하다
sửa chữa	고치다

■ 업무

gửi email	이메일을 보내다
nhận email	이메일을 받다
viết email	이메일을 쓰다
kiểm tra email	이메일을 확인하다
chuyển tiếp email	이메일을 전달하다
bản báo giá	견적서
báo giá	견적을 내다
ký hợp đồng	계약을 체결하다
làm hợp đồng/soạn hợp đồng	계약서를 작성하다
báo cáo	보고하다
viết báo cáo	보고서를 작성하다
báo cáo ngày	일일보고서
báo cáo tuần	주간보고서

báo cáo tháng	월간보고서
báo cáo quý	분기보고서
báo cáo năm	연간보고서
báo cáo tài chính	재무제표
báo cáo thuế	세금신고서
lập kế hoạch	계획을 세우다
kế hoạch tuần	주간계획서
kế hoạch tháng	월간계획서
kế hoạch năm	연간계획서
cuộc họp	회의
họp	회의하다
đi công tác	출장을 가다
đi công tác trong nước	국내 출장을 가다
đi công tác nước ngoài	해외 출장을 가다
công tác phí	출장비
đánh giá nhân sự	인사평가를 하다
lập dự toán	예산을 편성하다
trình duyệt	결재를 올리다
được phê duyệt	결재를 받다
phê duyệt	승인하다
phụ trách	담당하다
đặt vé máy bay	항공권을 예약하다
hủy vé máy bay	항공권을 취소하다
xin nghỉ phép	휴가를 신청하다
duyệt nghỉ phép	휴가를 승인하다
kiến tập	견학하다
chuẩn bị tài liệu	자료를 준비하다
thuyết trình	프레젠테이션을 하다

giới thiệu sản phẩm	제품을 소개하다
thông báo	통보(하다)
nhận thông báo	통보를 받다
đăng ký	등록하다, 신청하다
hướng dẫn sử dụng	사용법을 설명하다
được tăng lương	급여가 오르다
tăng lương	급여를 올리다
giao hàng	납품하다
gặp khách hàng	고객을 만나다
tuyển dụng	채용하다
sa thải	해고하다
làm thêm/tăng ca	연장근무를 하다
thanh toán, trả	지급하다
quyết toán	정산하다
yêu cầu thanh toán	청구하다
giải ngân	지출하다
thảo luận	논의하다
giao dịch	거래하다
sản xuất	생산하다
hợp tác	협조하다
đề xuất	제안하다
đặt cọc	계약금을 주다
yêu cầu bồi thường/khiếu nại	클레임을 걸다

■ 급여

lương năm	연봉
lương tháng	월급
lương	임금

thưởng	보너스
thưởng theo thành tích	성과금
lương làm thêm giờ	연장근로수당
phụ cấp ăn trưa	식대
trợ cấp thôi việc	퇴직금
bảng lương	급여명세서
bảo hiểm thất nghiệp	실업급여

■ 기타

thương hiệu, nhãn hàng	상표
ra mắt/ra mắt sản phẩm	출시하다
thuế	세금
đóng thuế/nộp thuế	납세하다
thuế nhập khẩu	수입 관세
thuế xuất khẩu	수출 관세
thông quan	통관하다
thị trường	시장
nhập khẩu	수입하다
xuất khẩu	수출하다
thị trường trong nước	국내 시장
thị trường nước ngoài	해외 시장
ngoại tệ	외환
tỷ giá/tỷ giá hối đoái	환율
cổ phần	지분
cổ phiếu	주식
cổ tức	주식 배당금
đại hội cổ đông	주주총회
doanh số/doanh thu	매출

giảm chi phí	원가를 절감하다
vỡ nợ	부도나다
phá sản	파산하다
tiền nợ	부채
lợi nhuận	이윤
cho vay	대출을 주다
nhận bảo hiểm	보험금을 받다
nhượng quyền thương hiệu	프랜차이즈(하다)
tiền hoa hồng	커미션
tiền đặt cọc	계약금
thành lập	설립하다
đấu thầu	입찰(하다)
thắng thầu	낙찰이 되다
cầu/nhu cầu	수요
cung/cung cấp	공급
bán sỉ	도매(하다)
bán lẻ	소매(하다)
thăng chức	승진하다
đàm phán	갈등을 해소하다
sát nhập	합병하다
hóa đơn	영수증

❸ 베트남의 관광지

④ 사파(Sapa, 沙壩)
① 하노이(Hà Nội)
⑤ 하롱베이(Hạ Long)
⑥ 닌빈(Ninh Bình)
⑱ 선동(Sơn Đoòng)
⑲ 황사(Hoàng Sa)
⑦ 후에(Huế)
⑫ 나낭(Đà Nẵng)
⑧ 호이안(Hội An)
⑨ 미선(Mỹ Sơn)
⑩ 꾸이년(Quy Nhơn)
⑪ 나짱(Nha Trang)
⑫ 다랏(Đà Lạt)
㉑ 베트남 동해(Biển Đông)
호치민(Hồ Chí Minh) ③
⑬ 무이네(Mũi Né)
⑭ 붕따우(Vũng Tàu)
⑰ 푸꾸옥(Phú Quốc)
⑮ 껀터(Cần Thơ)
⑯ 꼰다오(Côn Đảo)
⑳ 쯔엉사(Trường Sa)

① 하노이(Hà Nội) : 베트남의 수도, 3~5월, 10~11월이 춥지도 덥지도 않은 여행 적기

② 다낭(Đà Nẵng) : 베트남 남중부 지역의 최대 상업 및 항구 도시이자 베트남의 5대 직할 시 중 하나, 2월~8월이 건기라 여행 적기

③ 호치민(Hồ Chí Minh) : 베트남에서 가장 큰 도시, 11월~4월이 건기라 여행 적기

④ 사파(Sapa, 沙垻) : 인도차이나 반도의 최고봉인 판시판산이 있는 곳, 3월~6월, 9월~10월 이 따뜻하고 햇빛 있음

⑤ 하롱베이(Hạ Long) : 유네스코(유엔 교육 과학 문화 기구) 세계자연유산으로 지정된 곳, 3~6 월, 9~10월, 봄, 가을이 가장 좋음

⑥ 닌빈(Ninh Bình) : 지상의 하롱베이, 고대 베트남 유적이 많은 곳, 음력 1~3월, 5월 초~6 월 초가 풍경이 가장 아름다운 시기

⑦ 후에(Huế) : 베트남 마지막 왕조의 왕궁, 베트남의 고도(古都), 7월~9월 날씨가 가장 좋음

⑧ 호이안(Hội An) : 복고적인 도시, 16세기부터 동남아의 주요 항구 및 무역 중심지, 1999년 에 세계문화유산으로 등록, 여행 적기는 2~7월

⑨ 미선(Mỹ Sơn) : 베트남에서 힌두 문화를 깊이 감상할 수 있는 곳, 여행 적기는 2~7월

⑩ 꾸이년(Quy Nhơn) : 세계 10대 휴양지로 선정됨, 여행 적기는 5월~9월

⑪ 냐짱(Nha Trang) : 동양의 나폴리라 불리며 여행 적기는 2~8월

⑫ 다랏(Đà Lạt) : 하루에 사계절의 날씨가 다 있으며, 소나무로 둘러싸인 낭만적인 도시, 사계절 모두 여행하기에 좋지만 특히 가을(10월~11월)이 가장 아름다움

⑬ 무이네(Mũi Né) : 가인 해변과 수오이 누억 해변이 유명함, 여행 적기는 9월~2월

⑭ 붕따우(Vũng Tàu) : 아름다운 해변으로 널리 알려진 곳, 여행 적기는 5월~10월

⑮ 껀터(Cần Thơ) : 메콩강 삼각주 최대의 도시, 여행 적기는 4월~7월

⑯ 꼰다오(Côn Đảo) : 베트남의 매력이 가득한 관광지들 중 하나, 여행 적기는 3월~9월

⑰ 푸꾸옥(Phú Quốc) : 베트남의 떠오르는 관광지 1순위, 여행 적기는 10월 초~3월 말

⑱ 선동(Sơn Đoòng) : 하노이에서 약 150km 떨어져 있는 세계에서 가장 거대한 동굴, 어드벤 처를 즐기는 여행가들에게는 꼭 가봐야 할 장소, 여행 적기는 2월~4월

주의

베트남에서 아래 명칭을 말할 때는 꼭 중국어 명칭이 아닌 베트남어 명칭으로 말하도록 주의해야 합니다.

⑲ 황사(Hoàng Sa) : '시사 군도'의 베트남어 명칭

⑳ 쯔엉사(Trường Sa) : '난사 군도'의 베트남어 명칭

㉑ 베트남 동해(Biển Đông) : '남중국해'의 베트남어 명칭